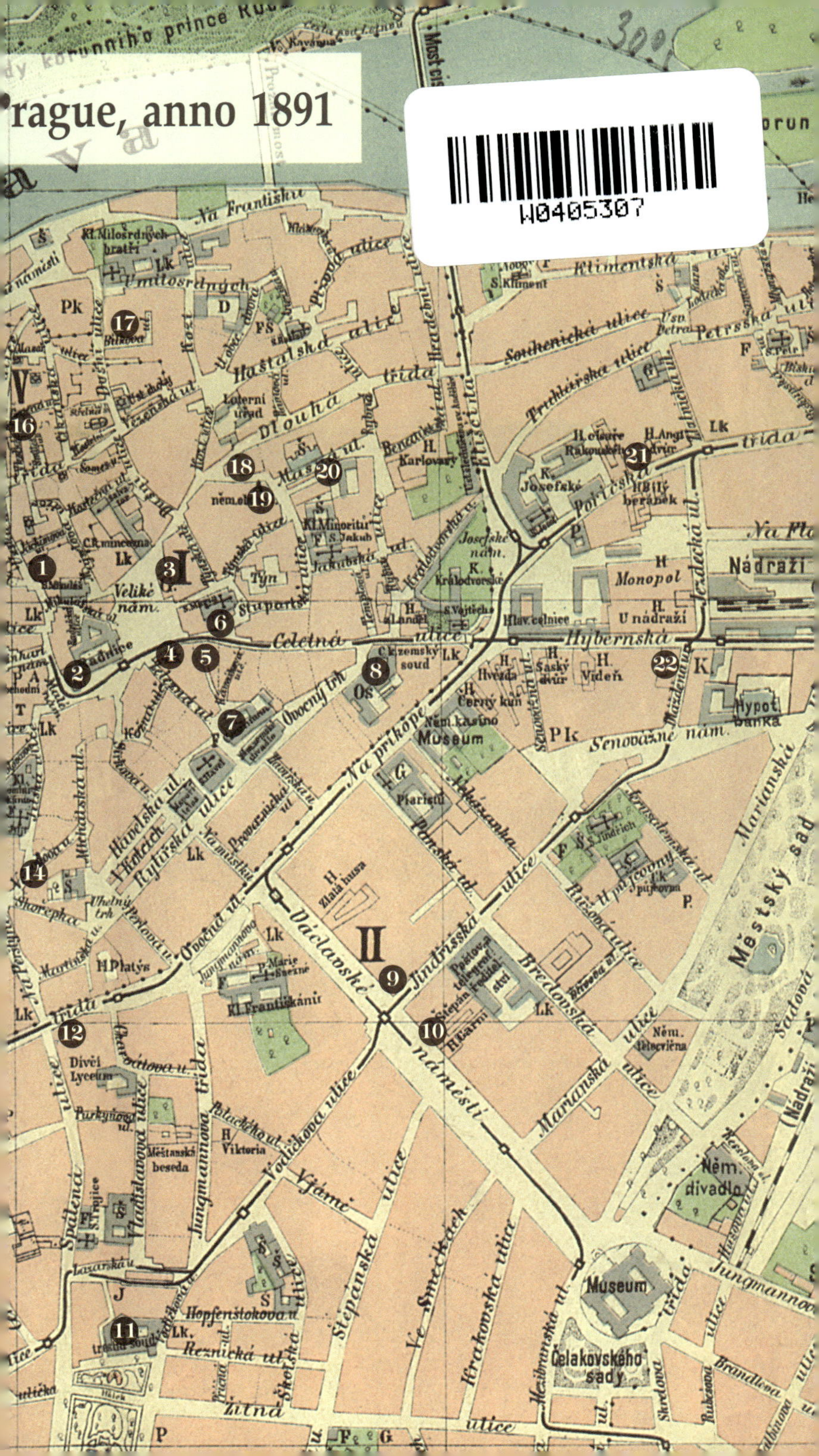

rague, anno 1891

VITALIS

Franz Kafka et Prague

«S'éloigner de Prague. Devant ce coup qui m'est porté – le pire que j'aie jamais connu – réagir par tous les moyens dont je dispose.»

Journal intime du 9. 3. 1914

«Prague ne vous lâche pas. En tout cas pas nous deux. Cette petite mère a des griffes. Il faut bien s'y soumettre, n'est-ce pas. Il faudrait mettre le feu à deux endroits: à Vyšehrad et au Château. Alors il serait possible de nous en échapper.»

Franz Kafka à Oskar Pollak (1902)

Harald Salfellner

FRANZ KAFKA ET PRAGUE

VITALIS

La photo de la page précédente (archives Vitalis) montre Vyšehrad avec les tours de l'Église St. Pierre et Paul.

Version française abrégée de l'original en langue allemande: Salfellner, Harald: Franz Kafka und Prag, Prague 1998.

Traduit de l'allemand par Dominique Boutineau
Photo de couverture: Ivan Koreček
Impression et reliure: Finidr, Český Těšín

ISBN 3-934774-14-8
ISBN 80-85938-66-9

Sommaire

La Prague de Franz Kafka

Avec 230.000 habitants (1910), Prague était, du temps de Kafka, la troisième ville de l'empire austro-hongrois. Si on y ajoute la population des faubourgs, alors on arrive à un chiffre d'environ 600.000 habitants. Vers 1880 il n'y avait en tout que 310.000 habitants: la population de la ville a pratiquement doublé en 30 ans.

> «Selon le dernier recensement, il y aurait à Prague 90,7 % de Tchèques et 9,3 % d'Allemands, et dans les faubourgs, 93,1 % de Tchèques et 6,9 % d'Allemands. En fait, les habitants de Prague, – surtout dans les milieux commerçants – parlent pour la plupart le tchèque et l'allemand. Dans les auberges et restaurants de qualité, tout comme dans les magasins d'une certaine importance, un Allemand se fait comprendre sans problème. Quant aux cochers, aux hommes de peine, aux porteurs des Chemins de fer, ils comprennent en règle générale suffisamment d'allemand pour communiquer avec les étrangers.»
>
> *Guide de voyage Grieben, Prague,* 1911

Les Allemands et les Juifs étaient certes en minorité dans cette grande ville, mais ils jouaient un rôle considérable dans la vie culturelle et économique. Environ 32.000 Allemands vivaient à cette époque à Prague.

> «C'étaient presque exclusivement des membres de la grande bourgeoisie, des propriétaires de houillères, des membres du conseil d'administration de charbonneries et d'aciéries, dans les usines d'armement Škoda, ou encore des négo-

L'ancien «Nouveau Théâtre Allemand», aujourd'hui, l'Opéra National

ciants en houblon, qui faisaient la navette entre [Saaz] Žatec et l'Amérique du nord, des producteurs de sucre, de textiles, ainsi que des directeurs de banque; leur milieu était fréquenté par des professeurs, des officiers et des fonctionnaires. Il n'y avait quasiment pas de prolétariat allemand.»

Egon Erwin Kisch

La petite minorité des Pragois de langue allemande, dont une proportion non négligeable était d'origine juive, disposait entre autres de deux théâtres exceptionnels, d'une université, d'une école supérieure technique, d'une salle de concerts, d'une demi-douzaine de lycées et de plusieurs quotidiens suprarégionaux importants.

Nr. 361. Sonntag, 31. December 1899. XXIII. Jahrgang.

Abonnement
für Prag u. Vororte:
monatlich . . . . fl. 1.10
vierteljährig . . „ 3.30
Mit Zustellung ins Haus:
monatlich . . . fl. 1.15
vierteljährig . . „ 3.45
Mit Postversendung:
monatlich . . . fl. 1.40
vierteljährig . . „ 4.20
Einzeln:
Prag 4 kr., auswärts 6 kr.
Telephon-Verbindung:

Prager Tagblatt.

Expedition
und
Administration
Redaction
Inserate
Erscheint täglich
um 6 Uhr Früh,
am Montag
um 1 Uhr Mittag.

«Les journaux paraissent à Prague en langue allemande: les deux quotidiens «Bohemia» et «Prager Tagblatt» (deux éditions par jour pendant la semaine), ainsi que le «Deutsche Abendblatt» et le «Montagsblatt aus Böhmen». Il y a aussi le «Prager Abendblatt», journal gouvernemental qui paraît les jours de semaine, et un journal tchèque en langue allemande, l' «Union». Les autres journaux (affiliés aux partis politiques) ne devraient pas intéresser les allophones.»

Guide de voyage Grieben, Prague, 1911

Scène de rue dans le ghetto de Prague (vers 1898)

«Les poètes et écrivains pragois de langue allemande avaient accès à au moins quatre sources ethniques en même temps: la culture allemande, naturellement, à laquelle ils appartenaient de par leur culture et de par leur langue; la culture tchèque, élément vital qui les entourait de toutes parts; la culture juive, même s'ils n'étaient pas eux-mêmes Juifs, étant donné qu'elle représentait un facteur historique, essentiel et perceptible pour l'ensemble de la ville; enfin, la culture autrichienne, dans laquelle ils étaient tous nés, et élevés, et qui contribuait à forger leur destin – et ce, qu'ils approuvassent cette culture ou qu'ils y trouvassent à redire sur tel ou tel point.»

Johannes Urzidil, *Ainsi va Kafka*

A la fin du 19ème siècle, Prague connut des transformations majeures qui changèrent l'aspect de la ville. C'est ainsi qu'en 1888 la commune acheta les buttes entre la Nouvelle Ville et les Vignobles royaux, quartiers qui, après la destruction des fortifications et la vente des parcelles à des personnes privées, purent se développer en un seul ensemble urbanistique.

Le territoire de la Vieille Ville fut lui aussi l'objet de transformations importantes du temps de Kafka.

Avec l'émigration des Juifs fortunés vers d'autres quartiers de la ville – à la suite du décret de tolérance publié par l'empereur Joseph II – d'une part, et l'immigration de couches sociales défavorisées et sans ressources, ainsi que de toute une faune de voyous, d'autre part, la ville juive de Prague, aux limites de laquelle se dressait d'ailleurs la maison natale de Kafka, était devenue le quartier des pauvres au coeur de la grande ville, le quartier des tavernes douteuses, et avait sombré dans une prostitution et une criminalité galopantes.

Alors que la Vieille Ville, limitrophe, ne comptait vers 1890 que 644 personnes par hectare, on en comptait 1.300 dans le quartier émergent de Žižkov, tandis que dans le quartier de Josefov s'entassaient, en moyenne, sur chaque hectare, 1.822 personnes.

En 1885, un projet de loi réclame l' «assainissement» [Assanace] de la ville juive de Prague, délabrée et désespérément surpeuplée. Avec la démolition de la ville juive, vieille de plusieurs siècles, et d'une partie de la Vieille Ville, extérieure au quartier juif, on espérait là aussi éradiquer la misère qui y sévissait et mettre fin à des conditions d'hygiène difficilement imaginables, responsables de foyers persistants d'épidémies de toutes sortes.

Lors de l'assainissement systématique qui fut entrepris à partir de 1897, après d'innombrables réunions et décisions, la pioche du démolisseur, allègrement maniée, eut malheureusement raison de la

Ruelles dans le ghetto juif (vers 1898)

plupart des bâtiments historiques. Des considérations de santé publique avaient ainsi mis fin à l'existence d'une implantation déjà millénaire.

Les ruelles sombres et sinueuses des quartiers pauvres furent remplacées par des palais modernes de style Art Nouveau, habités par une bourgeoisie devenue aisée.

Une forte majorité de la population juive de Prague soutenait cet assainissement: il faut dire que le ghetto était le symbole de plusieurs siècles de discrimination.

Le ghetto, avec son histoire millénaire, n'a pas été démoli seulement pour des raisons d'hygiène, mais aussi et surtout parce que la bourgeoisie, qui avait profité de l'essor industriel pour s'enrichir, était en quête de nouveaux terrains pour la réalisation des projets immobiliers.

A l'époque de Kafka, Prague était tout sauf une ville de province endormie. En 1898 les premières expositions d'Art Nouveau significatives furent organisées dans le salon Topič; et à peine une décennie plus tard, le groupe «Osma» (le groupe des Huit) se présente au public comme la première association de peintres modernes: elle compte parmi ses membres Bohumil Kubišta, Emil Filla, Otokar Kubín, ainsi que Friedrich Feigl et Willy Nowak, particulièrement appréciés par Kafka.

Lampadaire cubiste sur la Place Jungmann

L'ancienne «Maison allemande», Na Příkopě, appelée depuis 1945 «Maison slave»

Dans la Maison allemande, plus de deux cents groupements allemands entretenaient une vie associative animée. En 1895 fut fondée, à l'initiative d'Emil Orlík, «l'Union des plasticiens allemands de Bohême»; les soirées hebdomadaires qu'elle organisait le jeudi, étaient fréquentées par des écrivains tels que Oskar Wiener, Rainer Maria Rilke, ou encore Paul Lepin. Mais du côté tchèque également, des forces créatrices trop longtemps contenues s'exprimèrent à travers d'importantes réalisations culturelles. Les influences qui s'exerçaient sur la Prague tchèque allaient de Munch jusqu'au cubisme français; contrairement à Vienne, le cubisme dominait Prague dans toute son ampleur. Les Allemands, quant à eux, avaient mis l'expressionnisme à l'honneur.

La métamorphose de la ville s'effectuait à un rythme effréné et n'épargnait aucun domaine de la vie courante.

Le commerce et l'industrie connurent un essor considérable. Le téléphone commençait à rendre obsolète les moyens de communication existants; les usines d'électricité permettaient l'exploitation de nouvelles installations: «la fée électricité» et la première voiture automobile annonçaient une révolution imminente dans les transports.

«...de grandes entreprises ont acquis une renommée mondiale; on leur doit le développement des transports, et Prague forme le noeud ferroviaire de la Bohême. Un autre progrès est amorcé avec les travaux visant à rendre la Vltava navigable, si bien que lorsque ces installations seront terminées, Prague deviendra le point de départ du trafic fluvial sur la Vltava et l'Elbe.»

Guide de voyage Grieben, Prague, 1911

Le jeune Kafka aura certainement été le témoin étonné d'un événement auquel son entourage aura porté l'attention qu'il méritait: en 1894, la ville de Prague fut éclairée pour la première fois à l'électricité. Le courant continu des réverbères était fourni par une petite installation; la première usine d'électricité digne de ce nom sur le territoire de la Bohême – l'usine de Prague-Žižkov – ne fut mise en service qu'un an après, en 1895. Ceci explique que le premier tramway électrique en circulation, à partir de 1891, sur la ligne Sommer-

Voiture du premier tramway électrique sur la colline de Letná

Centrale électrique

berg-Baumgarten (Letná – Stromovka) était encore alimenté provisoirement par une usine privée – celle de l'entrepreneur Křižík, lequel, quelques années auparavant, avait quitté Pilsen pour Prague-Karlín, où il avait transféré son usine. Plus tard, en 1903, Křižík allait procéder à l'électrification de la première voie ferrée de Bohême (entre Tábor et Bechyně).

La salle des turbines

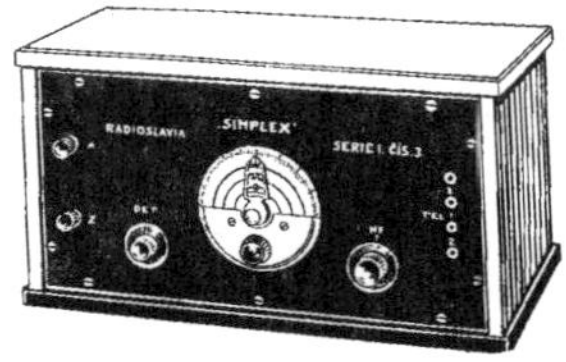

C'est en 1899 que fut mise en service la centrale électrique de Prague, dans le quartier d'Holešovice (Ústřední elektrická stanice Pražská). Elle avait été installée, entre autres, par la société par actions Electrotechnique, (anciennement Kolben et Cie), l'entreprise Ringhoffer et Akciová strojírna (anciennement Breitfeld et Daněk).

Bien entendu, Kafka ne restait pas indifférent à toutes ces manifestations du progrès technique. Ses carnets intimes nous montrent combien il était fasciné par l'aéronautique – qui devait ouvrir à l'humanité de nouveaux horizons, au sens propre du terme – ou par le cinéma. A partir de 1907 il y eut à Prague une salle de cinéma permanente: le «Ponrepo», au N° 20 de la rue Karlova. Le septième art, à l'époque, n'était guère plus que du théâtre filmé d'une manière relativement simple; mais Kafka, qui n'entendait rien à la musique, n'en avait que plus d'enthousiasme pour les images animées, et il adorait se rendre au «cinématographe».

Il discutait ensuite volontiers avec son ami Max Brod de ce qu'il avait vu. Il lui arrivait de noter ses impressions dans son journal intime.

Mais la Prague de Kafka n'était pas seulement une ville florissante, qui s'épanouissait sous les bienfaits du progrès; elle était aussi le théâtre de dures luttes sociales. Les manifestations de masse d'ouvriers révolutionnaires qui commençaient à revendiquer le pouvoir politique étaient le signe visible de ce malaise latent. Parallèlement à son éclat et à sa gloi-

re, Prague connut la misère et la paupérisation, dans le sillage des événements qui allaient marquer d'une manière si décisive le visage du vingtième siècle. Et c'est à Prague qu'éclatèrent, entre Tchèques et Allemands, des conflits nationaux très acerbes, dont l'origine remontait à plusieurs siècles.

> «Les dernières décennies à Prague sont marquées par un refoulement croissant de l'élément allemand. Après que le dernier conseiller municipal allemand eut quitté ses fonctions, dans les années 1880, la lutte contre la germanité remporta des succès rapides dans la vie publique. Partout où cela était possible on privilégia la langue tchèque, et on alla même jusqu'à lui assurer le monopole, avec la création de la nouvelle école technique tchèque (1868) et de l'Université (1882); lors des fêtes, des assemblées parlementaires et dans les journaux on entretenait la haine anti-allemande. En 1897, des actes de violence éclatèrent dans les rues de Prague, si bien que le gouvernement se vit obligé de déclarer l'état d'urgence. Des scènes d'agitation répétées dans la rue forcèrent l'administration à intervenir énergiquement; lors des séances parlementaires la lutte continue de faire rage.»
>
> *Guide de voyage Grieben, Prague,* 1911

Rassemblement de masse de l'association de gymnastique «Sokol» sur la Place de la Vieille Ville (vers 1912))

Avant le tournant du siècle l'antinomie germano-tchèque avait depuis longtemps évolué vers une guerre de positions, qui n'était pas toujours purement verbale, et dans laquelle les rares appels à la raison ou à la modération étaient étouffés, d'un côté comme de l'autre, par les clameurs d'une populace nationaliste.

L'éveil de la conscience nationale tchèque, dans les premières années du 19ème siècle, procédait encore des travaux des intellectuels tchèques, qui avaient publié leurs oeuvres en langue allemande. L'un d'eux était le chercheur en linguistique et en littérature Josef Dobrovský, considéré comme le père de la langue tchèque moderne. Vers la fin du siècle, une telle attitude de relatif détachement était devenue impensable. Le libéralisme politique avait fait son temps: du côté tchèque le parti des «Jeunes Tchèques» avait émergé sur la scène politique; lors des élections législatives du début de 1897, il n'hésita pas à faire campagne aux côtés de Václav Březnovský, un antisémite virulent. Du côté allemand aussi, les positions se durcissaient à vue d'oeil.

Nouvelle plaque de rue tchèque recouvrant une inscription bilingue (Photo prise vers 1912)

Les réactions devant les décrets sur les langues publiés par l'ancien gouverneur de Galicie – le comte Badeni, chargé par l'empereur François-Joseph de former un gouvernement «dirigé d'une main de fer» – montrèrent qu'il n'y avait plus de dialogue possible entre les deux groupes linguistiques qui habitaient le pays. Badeni, qui devait faire progresser la législation fiscale et, de surcroît, mener à bien la négociation budgétaire avec la Hongrie, s'efforça, au moyen de concessions diverses, d'obtenir avec les Tchèques la paix civile dont il avait besoin. Un mois tout juste après sa prise de fonctions, il suspendait l'état d'exception qui frappait Prague depuis deux ans déjà. Avec la réforme de la loi électorale qu'il fit adopter par le Conseil impérial en juin 1896, il pouvait espérer inciter les «Jeunes Tchèques», qui s'obstinaient à pratiquer une obstruction permanente, disposaient depuis 1891 d'un groupe parlementaire au Parlement de Vienne et avaient fini par constituer la force politique tchèque la plus significative - il pouvait espérer les inciter à entreprendre une collaboration parlementaire constructive. Or, Badeni se rendit compte que seule une attitude conciliante vis-à-vis des revendications linguistiques des Tchèques permettrait d'atteindre cet objectif. C'est pourquoi il publia, le 5 avril 1897, un décret linguistique pour la Bohême (qui fut suivi, trois semaines plus tard, d'un décret semblable pour la Moravie). Ces initiatives déclenchèrent les réactions les plus vives, et même une crise politique.

Les décrets de Badeni, dont la publication n'avait été précédée d'aucune consultation avec les représentants des Allemands de Bohême, stipulaient que le tchèque et l'allemand étaient placés sur un pied d'égalité pour les contacts avec l'administration dans les pays de la Couronne de Bohême. Cela signifiait qu'un fonctionnaire allemand d'une ville germanophone comme Reichenberg, par exemple, aurait dû apprendre la langue tchèque pour pouvoir faire carrière au service de l'Etat.

Un symbole de l'ancienne Autriche -- le monument de Radecky à Malá Strana (enlevé après 1918)

Pour se rendre compte de ce que cela signifiait pour la population de langue allemande vivant sur le territoire connu plus tard sous le nom de «pays des Sudètes», et dans lequel il y avait déjà une très forte proportion de fonctionnaires tchèques, il est nécessaire de considérer le sentiment identitaire de ces gens, mais aussi leurs craintes, si l'on songe qu'ils s'attendaient plutôt à être soutenus par Vienne dans cette lutte pour la culture nationale, et qu'ils devaient maintenant se sentir trahis.

Mais nous ne devons pas non plus oublier que les Tchèques avaient dû pendant des siècles accepter l'allemand comme langue officielle, même dans les territoires habités par une population exclusivement tchèque.

Les actions de protestation et les manifestations de masse, dont l'ampleur dépassa toutes les attentes, ne se limitèrent pas aux grandes villes allemandes du pays, comme Reichenberg, Karlsbad ou Teplitz, mais s'étendirent à l'ensemble de la sphère germanique, dans toute l'Autriche jusqu'à la ville de Graz, là-bas dans les Alpes. Dans les régions allemandes de Bo-

Vendeur de marrons grillés (vers 1890)

hême on s'en prit aux minorités tchèques. A la Diète impériale de Vienne également, des affrontements avaient lieu lors des débats parlementaires; et quand les arguments faisaient défaut, les coups de poing prenaient la relève.

Devant cette évolution dangereuse l'empereur François-Joseph n'eut d'autre choix que de décréter la fermeture du Parlement (le 28 novembre 1897) et de congédier Badeni. En décembre de la même année la déception des Tchèques éclata dans les ruelles de Prague en violentes bagarres anti-allemandes et antisémites. Contrairement aux socio-démocrates, les politiciens du parti des «Jeunes Tchèques» se contentèrent d'assister en spectateurs à ces débordements.

Ce n'est que lorsque fut décrétée la loi martiale que prit fin cette folie anarchique de la rue.

Dans cette querelle autour de la langue et de la nationalité, la communauté juive de Prague était partagée. Alors que les Juifs des villes, libéraux, revendiquaient pour la plupart leur appartenance à la germanité, les Juifs qui affluaient de la campagne environnante se sentaient souvent Tchèques. En tant que commerçant,

Hermann Kafka adopta une attitude pragmatique dans ce labyrinthe de sentiments nationaux. Mais sa volonté d'ascension engendrait chez lui le désir bien compréhensible d'appartenir à la classe restreinte des Allemands du haut de l'échelle sociale. Cependant, son commerce ne fut pas victime des agressions anti-allemandes des années 1890. Le patronyme de Kafka avait une consonance suffisamment tchèque.

L'administration centrale de Vienne était parfaitement consciente de cette situation tendue. Des années durant, Prague fut gouvernée par une législation d'exception. La Maison impériale, internationale de par sa nature, n'arrivait pas à faire face aux exigences de l'ère nouvelle qui s'ouvrait. Un changement aux contours encore flous se dessinait. La monarchie plurinationale touchait à sa fin; et cette forme d'organisation de l'Etat était vécue comme une «prison des peuples». Vers où tout cela allait-il mener? Cette question restait sans réponse précise.

Franz Kafka est né dans la capitale du royaume de Bohême. Derrière cette appellation se profilait le monde de la vieille Autriche, symbole du passé, de la régression et de la mort. Pour beaucoup d'habitants allemands Prague était en effet devenue une «ville morte», la ville des rêves et des mythes. Les Tchèques, de leur côté, voyaient les choses autrement: ils avaient l'avenir devant eux.

Ecusson sur l'Hôtel de ville juif

Place de la Vieille Ville: vue côté nord avec l'hôtel Goldhammer (vers 1898)

La ville, qu'on appelait volontiers, à la fois par affection et par raillerie, «le coffret à bijoux de la monarchie», était aussi un microcosme autrichien. A la mort de Kafka, la vénérable Autriche appartenait déjà à un passé révolu. La nouvelle ère tant attendue vit le jour le 28 octobre 1918. Le Pragois Franz Kafka était né sujet de sa majesté impériale, royale et apostolique; il est mort citoyen de la République tchécoslovaque de T.G.Masaryk. Du jour au lendemain la ville séculaire de Prague semblait s'être transformée en une cité entièrement nouvelle – une ville dont l'aspect se métamorphosait au gré des modes et des courants.

Et même si chaque génération voit, dans ses rêves, une Prague qui aurait existé autrefois et qui ne ressuscitera plus jamais, une chose est certaine: dans sa nature profonde, cette ville est restée la ville de Franz Kafka; par delà tous les bouleversements, elle est restée intacte et intemporelle. C'est peut-être pour cela qu'on souhaite rencontrer le poète dans sa ville natale; Franz Kafka et sa Prague sont toujours vivants; le temps n'a pas de prise sur eux.

1883-1889

Parents, naissance, petite enfance

Le père Hermann Kafka, (1852–1931) était un autodidacte qui connaissait le tchèque et l'allemand; il venait du village tchèque de Vosek (près de Strakonice, en Bohême du sud); lors de son arrivée à Prague il était marchand ambulant. Son origine modeste, sa jeunesse difficile, ainsi que le stress psychique engendré par les conditions dans lesquelles il ouvrit son commerce à Prague (avec un capital initial nettement insuffisant), devaient par la suite avoir un impact essentiel sur la vie et l'oeuvre de son fils Franz, qui eut toujours présent à l'esprit le destin, mais aussi l'ardeur au travail d'un père dont l'énergie lui paraissait écrasante.

La mère, Julie Kafka, née Löwy (1856 – 1934) venait de Poděbrady, ville des bords de l'Elbe. C'était la fille d'un brasseur aisé et de sa femme, décédée prématurément de la typhoïde à l'âge de vingt-huit ans. Julie voyait son bonheur avant tout dans l'entente harmonieuse avec son mari, dont elle partagea de plus en plus les points de vue, et à qui elle vouait un amour aveugle, jusqu'à en devenir dépendante.

La Place de la Vieille Ville
(Staroměstské náměstí)

La vie de Kafka s'est déroulée essentiellement sur la Place de la Vieille Ville ou dans ses environs immédiats. La place, qui est située au coeur de la Vieille Ville de Prague, constitue un ensemble architectural uni-

Hermann et Julie Kafka, les parents de Franz (vers 1930)

que. Elle apparaît beaucoup plus vaste au visiteur d'aujourd'hui qu'elle ne l'était du temps de Kafka.

L'Hôtel de Ville (encore flanqué, au début du siècle, d'une aile nord néogothique) et son Horloge astronomique, les maisons patriciennes, l'Eglise Notre-Dame de Tyn, l'Eglise St.Nicolas, le Monument de Jean Hus, la Colonne de la Vierge, qui dominait la place jusqu'en 1918, le Palais Kinsky: tout cela faisait partie de l'environnement familier de Kafka.

Avant son mariage, la mère de Kafka habitait dans la maison de Smetana (Place de la Vieille Ville 548/1); à côté de l'Eglise de Tyn il y avait un café («Chez Lazare», Place de la Vieille Ville 549/1), tenu pendant un certain temps par le grand-oncle de Kafka, Leopold Kafka. Au début de la rue Celetná, à côté de la Maison Sixt, décrite plus loin, se trouvait l'étude de Me Richard Löwy, un avocat chez qui Kafka , jeune diplômé, fit pendant quelques mois ses débuts dans la profession.

Les paroles que Kafka adressa à son professeur d'hébreu, Friedrich Thieberger, sont restées célèbres:

> «Ici il y avait mon lycée; le bâtiment, là-bas, c'était l'Université; et un petit peu plus loin à gauche, mon bureau. Dans ce petit cercle – et de son doigt il traça quelques petits cercles – c'est toute ma vie qui est inscrite.»
>
> Franz Kafka à Friedrich Thieberger

La Place de la Vieille Ville: l'ancienne fontaine en marbre, avec en arrière-plan l'Eglise Notre-Dame de Tyn (vers 1860)

Place de la Vieille Ville: Hôtel de Ville avec l'aile nord, détruite en 1945
(Photo prise vers 1890)

LA MAISON NATALE
Mikulášská 9 (aujourd'hui U radnice 5) Prague 1

Franz Kafka est né le 3 juillet 1883. C'était le fils de Hermann Kafka, commerçant en textiles, et de son épouse Julie, qui devaient avoir cinq autres enfants. Une semaine après sa naissance, le 10 juillet, Franz est circoncis, selon la tradition, dans le modeste appartement de ses parents.

La maison natale, sur le côté nord-est de la Place de la Vieille Ville (N° 27/1), était sise en bordure du ghetto de Prague, encore intact à cette époque, juste à côté de l'église St. Nicolas. Cette maison avait été construite entre 1717 et 1730 par Kilian Ignace Dientzenhofer, comme presbytère de l'église St. Nicolas dans la Vieille Ville. Le bâtiment sert de maison d'habitation depuis la sécularisation du monastère par Joseph II en 1787.

La famille Kafka n'y habita d'ailleurs que jusqu'en mai 1885. Soucieuse d'améliorer ses conditions de logement, la famille – et avec elle le petit Franz – déménagea plusieurs fois en l'espace de quelques années. Ainsi, entre 1885 et 1888, les Kafka habitèrent Place St.Venceslas, et aussi Rue Dušní, près de la Place de la Vieille Ville.

La maison natale de Franz Kafka (1898)

Plaque commémorative apposée
sur la maison natale de Kafka

Il est évident que cette absence de constance ne pouvait pas rester sans séquelles dans le développement de l'enfant. A cela s'ajoute le fait que Mme Kafka dut reprendre le travail dans le magasin peu de temps après la naissance, si bien que le petit Franz, qui restait souvent seul ou sous la garde d'une nourrice, ne la voyait pas souvent.

La maison, détruite par un incendie en 1897, fut remplacée en 1902 par un bâtiment que l'on doit à l'architecte R. Křiženecký. Du bâtiment d'origine il ne reste que le portail d'entrée. De nos jours la maison abrite une petite exposition consacrée à Kafka.

Depuis 1965, un buste à la mémoire de Kafka, réalisé par Karel Hladík, orne la façade de la maison. Dans les premiers frémissements du printemps de Prague, le nom de Kafka devint populaire sous le régime communiste, qui le considérait comme un «critique révolutionnaire de l'aliénation capitaliste». Le germaniste Edouard Goldstucker, vivant à Prague, a largement contribué à cette évolution en organisant en 1963 la conférence de Libice.

La Maison Sixt dans la rue Celetná
Celetná 2, Prague 1

Cette maison hébergea des personnages illustres tels que Cola da Rienzi, Francesco Petrarca ou Johannes Faust, lors de leur passage à Prague. Elle fut par la suite la propriété de Philippe Fabricius, secrétaire au Château de Prague, qui en 1618 fut défenestré depuis la Chancellerie de Bohême. Ayant survécu à sa chute il fut anobli par l'Empereur et s'appela désormais «von Hohenfall» [de haute chute].

C'est là qu'habita la famille Kafka entre le mois d'août 1888 et le mois de mai 1899. La maison, dont le portail est surmonté de l'inscription 1796, porte le nom de la famille noble de Sixt von Ottersdorf, qui en fut le propriétaire aux 16è. et 17è. siècles. La voûte croisée et la voûte en berceau qui on été préservées datent de 1220.

Place de la Vieille Ville (côté sud) et la rue Celetná vers 1870: la Maison Sixt (cinquième bâtiment en partant de la droite)

Place de la Vieille Ville: l'église St.Nicolas; à droite la maison Krenn qui n'existe plus aujourd'hui (1873)

Le premier magasin de Hermann Kafka, sur la Place de la Vieille Ville

(Hôtel Goldhammer) Place de la Vieille Ville 12 (aujourd'hui 8), Prague 1

C'est en 1882, année du mariage d'Hermann Kafka et de Julie Löwy, que furent fondés, un an avant la naissance de Franz, les «Textiles Hermann Kafka». Il s'agissait d'un commerce de détail, mais Hermann devint par la suite grossiste. Le premier bâtiment qui abrita son commerce, l'hôtel Goldhammer, sur le côté nord de la Place de la Vieille Ville, n'a pas été préservé.

Place de la Vieille Ville: vue côté nord avec l'hôtel Goldhammer (vers 1898)

1889-1893
Les années d'école primaire sur la Place du Marché aux Viandes

La Maison U Minuty («A la Minute»)
Place de la Vieille Ville 2, Prague 1

La famille Kafka occupa cette maison du 17ème siècle entre le mois de juin 1889 et le mois de septembre 1896. C'est là que naquirent Elli, Valli et Ottla, les soeurs de Franz. Toutes les trois devaient mourir plus tard dans les camps de concentration nazis.

Avec ses sgraffites – qui, du temps de Kafka, étaient recouverts – la maison rappelle le palais Schwarzenberg, à Hradčany, à côté du Château de Prague. Les sgraffites datent de 1615, et ils ont pour thème des scènes bibliques et des mythes et légendes antiques.

Le lion qui monte la garde au coin du bâtiment, avec une cartouche dans la patte avant, est une survivance de l'ancienne pharmacie «Au Lion blanc», aménagée par un certain Mathias Bartl, qui l'avait acquise en 1712.

La maison «A la Minute» sur la Place de la Vieille Ville

La pharmacie ferma en 1850, après plus de 130 années d'existence. Avant le tournant du siècle, lorsque la famille Kafka y habitait, il y avait, dans la partie à usage professionnel, un bureau de

Franz Kafka, tout jeune lycéen

tabac. Le passage à arcades (sous la maison) n'existait pas encore du temps de Kafka; il fut ouvert en 1938.

Voici comment Kafka raconte une aventure de son enfance à son amie Milena Jesenská, des années plus tard:

> «[...] Un jour, alors que j'étais tout petit, on m'avait donné une pièce de six sous, et j'avais grande envie d'en faire cadeau à une mendiante qui se trouvait entre la Place de la Vieille Ville et la Petite Place. Mais la somme me paraissait énorme – une somme comme aucun mendiant n'en avait sans doute jamais reçu; et je rougis de honte devant la mendiante, à l'idée de faire quelque chose d'aussi monstrueux. Pourtant, il fallait absolument que je la lui donne. Ainsi, après avoir fait de la monnaie, je donnai un sous à la mendiante, fis le tour du bâtiment de l'Hôtel de Ville et du passage à arcades sur la Petite Place, débouchai sur la gauche sous l'apparence d'un nouveau bienfaiteur, donnai derechef un sou à la mendiante, et repris ma course. Je continuais ainsi, heureux, dix fois (ou peut-être un peu moins, car je crois que la mendiante finit par perdre patience et disparut). En tout cas j'étais à bout, y compris moralement; j'étais si épuisé que je courus de suite

Les arcades de la Place de la Vieille Ville

à la maison, où je pleurai jusqu'à ce que ma mère me donne une autre pièce de six sous.»

Franz Kafka à Milena Jesenská (1920)

C'est aussi de cette maison que Kafka prit pour la première fois le chemin de l'école.

«Enfants, nous n'habitions pas loin l'un de l'autre et nous prenions le même chemin pour nous rendre à notre école, sur la Place du Marché aux viandes. En venant des ruelles adjacentes à Notre-Dame de Tyn, il nous fallait d'abord, pour nous rendre à l'école, passer devant les étals du marché aux viandes. En face se trouvait l'école tchèque, concurrente directe de notre école allemande. A l'entrée de l'école concurrente on avait placé le buste du grand pédagogue tchèque Comenius; et en dessous figurait cette inscription en langue tchèque: «Un enfant tchèque doit fréquenter une école tchèque!». Ces mots servaient

Le Pont Charles effondré (1890)

> d'avertissement aux parents tchèques qui plaçaient leurs enfants dans des écoles allemandes. Mais étions-nous des enfants tchèques? Nous portions en nous, consciemment ou non, l'héritage et le destin millénaires d'un peuple qui avait l'habitude de vivre avec les (autres) peuples.»
>
> Hugo Bergmann

Comme la famille de Kafka n'appartenait pas à la bourgeoisie intellectuelle, Kafka était désavantagé par rapport à ses camarades de classe. L'ami qu'il connut plus tard, Max Brod, avait eu accès de bonne heure à la bibliothèque de son père, ce qui lui avait permis de se familiariser avec les oeuvres de Skakespeare, Goethe, Schiller, Heine, etc. Les parents de Franz avaient du mal à comprendre l'engouement de leur fils pour la lecture, ainsi que ses premières tentatives de création littéraire.

Scène de rue à Prague (1897)

Ils auraient préféré voir Franz s'intéresser davantage à l'entreprise paternelle, qu'il était censé reprendre un jour. Et c'est justement à cause de ce magasin que les parents avaient si peu de temps à consacrer aux besoins d'un garçon en pleine croissance. C'est pourquoi les employées de maison telles que la cuisinière, l'intendante Marie Werner, ou encore la gouvernante française Bailly, durent se charger en partie de l'éducation du jeune garçon.

Publicité dans le Prager Tagblatt (vers 1900)

1893-1901
Les années de lycée

Le Lycée allemand de Sa Majesté impériale et royale dans le Palais Kinsky
Place de la Vieille Ville 12, Prague 1

A partir de 1893 Kafka fréquenta le Lycée classique d'Etat, sur la Place de la Vieille Ville. C'est dans cet établissement, qui occupait des bâtiments à l'arrière du palais Kinsky, et où l'enseignement se faisait en allemand, que Franz passa son Baccalauréat au cours de l'été 1901; il redoutait cette épreuve.

> «[...] de ne pas réussir l'examen de fin d'année et, dès lors, de ne pouvoir passer dans la classe supérieure; et si, malgré tout, j'y parvenais en trichant, (je craignais) d'essuyer un échec irrémédiable au Baccalauréat. A quoi s'ajoutait la crainte que la révélation, tôt ou tard, de ma prodigieuse incapacité ne fût une surprise totale pour mes parents (comme pour le reste du monde), dont la vigilance avait été endormie par ma progression apparemment régulière.»
>
> *Journal intime,* du 2.1.1912

Kafka était relativement bon en classe; selon les bulletins annuels de l'école il fit partie du peloton de tête durant les trois premières années. Cependant, il était brouillé avec les mathématiques, malgré les cours de rattrapage.

Certes, l'éducation humaniste dispensée à Kafka ne correspondait pas sur tous les points aux normes éducatives modernes. Mais toujours est-il que c'est justement en fréquentant ce lycée classique rigoureux que Kafka vit augmenter de manière inespérée ses chances de décrocher un poste dans la hiérarchie de l'administration impériale et royale. Ce n'était certainement pas par hasard que le père de Kafka avait choisi cette école pour son fils.

Ces études allemandes permirent à Kafka de découvrir les auteurs que la bourgeoisie intellectuelle, au tournant du siècle, considérait comme essentiels. Mais en classe il se familiarisa également avec nombre d'auteurs représentatifs, tels que Johann Peter Hebel, dont le livre *Schätzkästlein des rheinischen Hausfreundes* [Le coffret à bijoux de l'ami rhénan de la famille] devait par la suite faire partie de ses lectures préférées. Au programme figuraient aussi Grillparzer, Eichendorff, Kleist, Stifter – et surtout, bien sûr, Goethe et Schiller. Grâce à ces lectures et à ses professeurs, le trésor des légendes populaires allemandes, ainsi que le contenu des oeuvres classiques, n'eurent plus de secrets pour Kafka; d'ailleurs, il allait plus tard s'en inspirer dans son oeuvre.

Le Palais Kinsky, Place de la Vieille Ville

Nous devons le Palais Kinsky, l'un des plus beaux palais aristocratiques de Prague, au talent, parvenu à maturité, d'Ignace Dientzenhofer; Anselme Lurago en fut le maître d'oeuvre (de 1755 à 1765). On doit la statuaire du Palais à l'atelier d'Ignace Platzer.

C'est du balcon de ce palais – qui, depuis 1945, n'était plus la propriété de la famille Kinsky – que le Premier ministre communiste Klement Gottwald annonça, le 21.2.1948, la démission des ministres bourgeois. De nos jours, ce bâtiment, qui empiète largement sur la Place de la Vieille Ville, et dont la façade rococo est unique en son genre à Prague, abrite une collection de tableaux appartenant à la Galerie Nationale. L'arrière-cour, où se trouvait l'école, n'est plus accessible au public. C'est également dans ce palais que se trouvait le magasin prospère de Hermann Kafka (de 1912 à 1918). Aujourd'hui, le nom de la librairie installée dans ces lieux en 1995 n'est pas sans nous rappeler le passé du magasin.

La Maison «Aux rois mages» dans la rue Celetná

Celetná 3, Prague 1

En 1896 la famille Kafka emménagea au premier étage de la maison «Aux rois mages», de style gothique tardif. Franz Kafka, qui venait juste de commencer sa quatrième année de lycée, allait habiter cette maison pendant le restant de sa scolarité jusqu'au baccalauréat, et aussi pendant ses années d'études et de pratique du droit au tribunal. Franz, qui pendant ces années devait faire face aux besoins et aux soucis de l'adolescence, disposait de sa propre chambre, donnant directement sur la rue Celetná, pleine d'animation.

3 rue Celetná (Portail)

«Nous fûmes amis dès notre plus tendre jeunesse. La mère de Franz connaissait ma mère, de sorte que je devins rapidement un habitué de la famille, rue Celetná. Cela m'impressionnait beaucoup de voir que Franz, jeune lycéen, avait déjà sa propre chambre, d'où l'on pouvait voir en bas dans la rue Celetná, et qu'il avait même son propre bureau.»

Hugo Bergmann

En septembre 1896 le magasin paternel déménagea lui aussi au numéro 3 de la rue Celetná. Hermann Kafka fut promu expert assermenté près le Tribunal de commerce de sa Majesté impériale et royale; le commerce de détail se transforma en commerce de gros. Franz ne pouvait manifester que peu d'intérêt pour les affaires de son père, étant donné que les études universitaires lui offraient l'avantage de pouvoir retarder son entrée définitive dans la vie active, lui assurant ainsi davantage de temps pour se consacrer à l'écriture.

1901
Début des études à l'Université allemande de Prague

Après avoir réussi son bac et passé quelques semaines de vacances sur les îles de Norderney et d'Helgoland, Franz commença ses études à l'Université de Prague.

Depuis 1882 la vénérable Université Charles était divisée en deux: avec l'Université allemande d'une part, et l'Université tchèque d'autre part. Franz s'inscrivit pour le semestre d'hiver 1901/02 à l'Université allemande. Après avoir tenté pendant deux semaines d'étudier la chimie, puis après un bref intermède à l'Institut d'études germaniques (auprès du légendaire germaniste pragois August Sauer), Kafka resta pour de bon à la faculté de droit, jusqu'à l'obtention de son doctorat. Les étudiants en droit étaient accueillis dans le bâtiment du Carolinum (entrée dans la rue Železná); mais ils étudiaient également à l'Institut des sciences juridiques (Marché aux fruits – Ovocný trh) et à l'Institut des sciences politiques (Rue Jean Hus – Husova 20 – Palais Clam-Gallas).

Atlantes à l'entrée du Palais Clam-Gallas

Un autre centre d'études fréquenté par Kafka était l'ancien collège des Jésuites, le Clementinum, dont les bâtiments s'ordonnent autour de cinq cours intérieures. C'est là que Kafka suivait des cours de littérature allemande, d'histoire de l'art et de philosophie. Il pouvait également emprunter des livres à la bibliothèque universitaire.

Ses résultats universitaires étaient plutôt moyens. Il poursuivait ses études de droit faute de mieux; car, étant Juif, il lui avait fallu opter pour une voie pragmatique.

> «... un Juif qui avait fait des études supérieures ne pouvait, à l'époque, embrasser une carrière d'Etat, à moins de se faire baptiser; par conséquent, il ne lui restait que les professions libérales: devenir médecin ou avocat.»
>
> Hugo Bergmann

Le Carolinum
Železná 9, Prague 1

L'Université Charles, fondée le 7 avril 1348, fut la première université d'Europe centrale; elle emménagea en 1383 dans la maison de Johann Rotlöw, intendant royal de la monnaie, non loin de la Place de la Vieille Ville. Seuls un oriel gothique – élément de la chapelle de St. Côme et de St. Damien (vers 1370) – et l'Aula, au deuxième étage, où a lieu aujourd'hui encore la cérémonie de la remise des diplômes, nous rappellent les débuts de cette prestigieuse université qui, au fil des siècles, refléta l'histoire de la Bohême.

Après une période d'épanouissement au début du 15ème siècle, l'Université connut une phase de déclin à la suite du décret de Kutná Hora en 1409, publié par le roi Venceslas IV. En effet, celui-ci céda aux exigences de Jean Hus, alors recteur de l'Université, qui entendait garantir une représentation majoritairement tchèque dans l'autogestion de l'université.

La «natio Bohemica», à laquelle appartenaient des Allemands et des Tchèques des territoires de la Couronne de Bohême, disposait désormais, dans le cadre de l'autogestion universitaire, de trois voix face aux nationalités bavaroise, saxonne et polonaise, qui devaient se contenter d'une voix chacune. Un grand nombre d'étudiants et de professeurs quittèrent alors l'Université Charles pour aller étudier ou enseigner dans d'autres universités. (Cracovie, Heidelberg, Vienne, Cologne; à Leipzig, on alla même jusqu'à fonder une nouvelle université). Jusqu'en 1622, année où les Jésuites prirent les rênes de l'Université Charles, celle-ci eut la réputation d'être un nid d'hérétiques. Au 19è. et au 20è. siècle elle fut le théâtre de conflits nationaux et politiques, qui allaient aboutir à son partage. Le 17 novembre 1939 on ferma l'université tchèque sur l'ordre du «Reichsprotektor»; en 1945 le président Beneš décida la fermeture de l'université allemande en guise de représailles rétroactives. A deux reprises encore, l'Université joua un rôle important dans l'histoire du pays; en 1967/68, au moment de ce qu'on a appelé le Printemps de Prague; et en 1989, lorsque les étudiants, 50 ans jour pour jour après la fermeture de l'Université tchèque par l'occupant allemand, imprimèrent un cours décisif à la «Révolution de velours».

Le Carolinum: oriel gothique

1902/03

Franz Kafka et Max Brod: naissance d'une amitié

> «[...] Car tu sais, Max, mon amour pour toi est plus grand que moi, et est davantage investi de ma personne qu'il ne m'habita moi-même; de surcroît, il n'a où se fixer sur mon être incertain, [...].»
>
> Franz Kafka à Max Brod (1908)

Kafka est décrit comme une personne certes réservée, mais qui néanmoins faisait preuve d'humour et de convivialité et qui, assurément, savait à la fois apprécier et entretenir l'amitié. Les sorties qu'il faisait en compagnie de ses amis n'étaient pas seulement culturelles; il ne se limitait pas aux conférences et autres programmes du même genre. Il passait du bon temps dans les cafés, les théâtres de variétés, les tavernes, les bars, et aussi, par la suite, dans les maisons closes (de telles «virées», coutumières parmi les étudiants, sont, au demeurant, un point de passage obligé vers l'âge adulte). Des noms tels que «Salon Goldschmidt» («GoGo»), «Trocadéro», «Eldorado», «Lucerna» ou «London», qui sonnaient doux aux oreilles des habitués de la vie de bohême, devinrent, pour le jeune Kafka également, l'incarnation du divertissement nocturne. Cette joie de vivre qui transparaît lors de telles escapades ne correspond guère à l'image de Kafka qui nous est transmise par de nombreuses photographies en noir et blanc.

> «Mon cher Max [...]. On pourrait s'organiser une belle matinée, se rencontrer à cinq heures ou cinq heures et demie devant la statue de la Vierge, au lieu de notre sortie prévue dans la nuit du lundi

Max Brod

> au mardi – de toute façon, des femmes, on n'en manquera pas – et nous rendre au Trocadéro ou au Kuchelbad, ou à l'Eldorado. Ensuite on pourrait boire du café dans le jardin au bord de la Moldau, ou alors en s'appuyant contre l'épaule de la Joszi. Ce serait formidable de faire les deux. Car au Trocadéro on ne risquerait pas de se ruiner. Il y a des millionnaires et d'autres plus riches encore qui, à six heures du matin, n'ont plus d'argent; et nous, on arriverait comme ça dans cette dernière taverne, dévalisés par toutes celles que nous aurions visitées auparavant, pour boire un minuscule café; et c'est seulement parce que nous étions millionnaires – peut-être le sommes nous encore, qui peut le savoir, au petit matin – que nous serions en mesure de nous payer une deuxième petite tasse [...].»
>
> Franz Kafka à Max Brod (1908)

Le condisciple de Kafka, Oskar Pollak, doué pour les études, fit partie de ses amis les plus intimes jusqu'en 1903; par la suite il fut progressivement remplacé dans ce rôle par Max Brod, d'un an son cadet. Franz, qui venait de passer ses premières vacances universitaires à Triesch chez son oncle Siegfried Löwy, médecin de campagne, aborda Max Brod le 23 octobre 1902 après un exposé que celui-ci avait fait dans la «Salle de lecture et de conférences des étudiants allemands». Brod avait disserté sur «Le destin et l'avenir de la philosophie de Schopenhauer», et il avait ainsi amené Kafka, adepte convaincu de Nietzsche, à se poser des questions.

> «Je fis la connaissance de Kafka lors de ma première année d'études supérieures, c'est-à-dire en 1902/03, probablement pendant le semestre d'hiver 1902. Franz, d'un an mon aîné, en était à son troisième semestre. Après avoir quitté le lycée il s'était inscrit en chimie, où il n'était resté que 15 jours; puis, après un semestre d'études germa-

niques, il s'était inscrit en droit – uniquement par nécessité, sans prédilection, comme c'était le cas de bon nombre d'entre nous [...]. C'est en soupirant qu'il s'attela aux études de droit – le plus indéterminé des parcours, celui qui peut s'effectuer sans but, ou au contraire qui permet de s'assigner les objectifs les plus diversifiés qui soient (le barreau, la fonction publique); bref, une filière qui permet de différer la décision, et en tout cas qui n'exige pas de vocation particulière.»

Max Brod, *Au sujet de Franz Kafka*

L'ancienne «Salle de lecture et de conférences des étudiants allemands» à Prague

La «Salle de lecture et de conférences des étudiants allemands» à Prague, qui jusqu'en 1904 se trouvait au N°12 de la rue Ferdinand (aujourd'hui Národní třída), puis à partir de 1904 au N°14 de la rue de Cracovie (Krakovská), joua un rôle essentiel dans le développement intellectuel de Kafka.

Extraction de la glace sur les rives gelées de la Vltava (1900)

Dans les milieux étudiants on disait simplement «la Salle» pour désigner ce temple des étudiants libéraux de langue allemande. Kafka participait assidûment aux activités de la section de littérature et des arts; et à partir du semestre d'hiver 1903, il occupa la fonction de rapporteur littéraire. De nos jours , dans la Národní třída, seul un trou affreux entre les maisons marque l'emplacement de la «Salle de lecture et de conférences des étudiants allemands»; il ne subsiste rien de cette institution jadis si typique.

LE CAFÉ «LOUVRE», DANS LA RUE FERDINAND
Národní třída 20, Prague 1

Au café «Louvre» Kafka faisait partie d'un cercle philosophique avec ses amis Max Brod, Hugo Bergmann et Felix Weltsch. Le cercle s'intéressait essentiellement aux théories du philosophe Franz Brentano qui, dans la Prague de cette époque, faisaient autorité. En 1905 les réunions au «Louvre» cessèrent, car Max Brod avait été exclu du cercle pour avoir, dans son livre «Zwillingspaar von Seelen» [Ames soeurs], manqué de respect au maître.

Le Café Louvre

Le salon de Berta Fanta sur la Place de la Vieille Ville
(Maison «A la Licorne») Staroměstské náměstí 18, Prague 1

Berta Fanta, épouse ambitieuse d'un pharmacien, jouait un rôle important dans la vie intellectuelle de Prague; sa fille Else allait, en 1908, épouser Hugo Bergmann, le camarade de classe de Kafka. L'étudiant Franz Kafka fréquentait parfois le salon de Berta Fanta, où il assistait en auditeur silencieux à des débats philosophiques. Bien que, chez les Fanta, on fût plutôt, sur le plan philosophique, du côté des adeptes de Brentano, on lisait et l'on analysait aussi, entre autres, les oeuvres essentielles de Fichte, Kant ou Hegel.

> «D'ailleurs, ce n'est pas seulement sur moi, mais c'est aussi sur beaucoup d'autres que Kafka produisait cet effet caractéristique. Dans le cercle et dans le salon de Madame Berta Fanta, où l'on pratiquait la philosophie exacte, avec la parti-

La maison «A la Licorne», Place de la Vieille Ville (la deuxième en partant de la gauche)

> cipation zélée de la maîtresse de maison, Kafka jouissait d'une grande considération – simplement par sa manière d'être, ses remarques occasionnelles, ses propos; car à l'époque personne, à part moi, ne connaissait ses oeuvres littéraires.»
>
> Max Brod, *Au sujet de Franz Kafka*

Cela dit, Berta Fanta et ses invités ne s'occupaient pas seulement de haute philosophie; ils s'intéressaient aussi à toutes ces sciences occultes alors à la mode, qui fascinaient la société pragoise au début du siècle: le spiritisme, les préceptes de la sagesse indienne, l'ésotérisme d'Helena Blavatsky, sans oublier le mouvement théosophique de Rudolf Steiner, avec ses conceptions occultes sur les lois et les processus physiologiques. Gustav Meyrink, toujours réceptif à ces choses-là, n'était pas le seul à manifester de l'intérêt pour ces théories; il y avait aussi Franz Werfel, Willy Haas, Max Brod, Franz Kafka, et beaucoup d'autres encore. Kafka, qui avait, à bien des égards, sa propre vision scientifique, gardait une distance traduisant son scepticisme.

La Maison Oppelt, Place de la Vieille Ville (avant d'être endommagée pendant la guerre)

> «Se dire que le soleil se lèvera demain matin, c'est prodigieux [...]. Mais que la table bouge, lorsque vous la maltraitez si longtemps, voilà qui n'a rien de prodigieux.»
>
> Franz Kafka à Willy Haas

Agé maintenant de vingt ans, Kafka commençait à connaître ses premières expériences sexuelles. Dans une lettre adressée à Milena Jesenská il décrit une aventure qu'il a eue à l'époque où il préparait un examen d'histoire du droit:

> «[...] Nous habitions dans la rue Celetná; en face, il y avait un magasin de confection; sur le seuil se tenait constamment une vendeuse; en haut, je faisais les cent pas dans ma chambre, sans m'arrêter; j'avais un peu plus de vingt ans; je m'usais les nerfs à ingurgiter, pour l'examen d'Etat, des choses, qui à mes yeux, n'avaient aucun sens. C'était en été et il faisait très chaud; à ce moment précis la chaleur était même insupportable; je me tenais près de la fenêtre, en train de marmonner l'histoire rebutante du droit romain; nous finîmes par nous mettre d'accord en nous faisant des signes. Je devais passer la prendre à huit heures du soir; mais lorsque, le soir, je descendis, il y avait déjà un autre homme; de toute façon ça ne changeait pas grand-chose; le monde entier me faisait peur, et par conséquent cet homme aussi; même s'il n'avait pas été là, il m'aurait quand même fait peur. La fille était enlacée à lui, mais elle me fit signe de marcher derrière eux. Nous arrivâmes ainsi sur l'Ile des tireurs [Střelecký Ostrov]. Nous bûmes de la bière; je m'étais assis à la table voisine; puis nous allâmes lentement – je marchais toujours derrière – à l'appartement de la fille, quelque part sur la Place du marché aux viandes. Là, l'homme prit congé; la fille courut à la maison; j'attendis un instant jusqu'à ce qu'elle réapparaisse; puis nous allâmes dans un hôtel à Malá Strana. Dès avant l'hôtel tout cela était

séduisant, excitant et dégoûtant; à l'hôtel ce fut pareil. Et lorsque, vers le matin, nous rentrâmes à la maison par le Pont Charles (il faisait toujours beau et chaud), j'étais malgré tout heureux; mais c'était uniquement parce que mon corps, qui n'avait cessé de gémir, allait enfin me laisser tranquille. Mais ce qui me rendait surtout heureux, c'était que tout cela n'eût pas été encore plus dégoûtant, encore plus sale. Je suis allé encore une fois avec cette fille, deux nuits plus tard, je crois; tout fut aussi bon que la première fois; mais lorsque, tout de suite après, je partis en villégiature et que je flirtai avec une nouvelle rencontre, la vendeuse de Prague cessa de m'intéresser.[...]»

Franz Kafka à Milena Jesenská (1920)

Intérieur d'un café pragois

1904/05
DÉBUT DE LA RÉDACTION DE *DESCRIPTION D'UN COMBAT*

«[...] Un livre doit être une hache pour la mer gelée qui est en nous. Telle est ma conviction.»
Franz Kafka à Oskar Pollak (1904)

Pendant le semestre d'hiver 1904/05 Kafka, qui avait 21 ans, commença à écrire la première version de son récit visionnaire *Beschreibung eines Kampfes* [Description d'un combat]. Il y raconte, à la première personne, une promenade nocturne à travers une Prague hivernale et déserte, en compagnie d'un adversaire en qui l'on peut reconnaître son condisciple Ewald Příbram. L'histoire, qui par endroits a une forte connotation onirique, comporte des traits autobiographiques. Dans aucune autre oeuvre de Kafka Prague n'occupe une position aussi centrale. Beaucoup de lieux et de monuments mentionnés par Kafka (certains sont présentés plus loin) sont restés pratiquement inchangés; d'autres, comme la Colonne de la Vierge, sur la Place de la Vieille Ville, ont été victimes de la déraison des heures révolutionnaires.

LA STATUE DE LA VIERGE, SUR LA PLACE DE LA VIEILLE VILLE
(Staroměstské náměstí)

«En 1650 l'Empereur Ferdinand III fit dresser la colonne de la Vierge en témoignage de reconnaissance pour avoir sauvé la ville assiégée en 1648 par les Suédois, conduits par Königsmarck. Ce monolithe, qui d'ailleurs domine toujours la

Vue sur le côté nord de la place de la Vieille Ville avec la colonne de la Vierge (vers 1870)

place de nos jours, porte la statue de l'Immaculée Conception, que l'on doit à Georg Pendl, sculpteur de la cour. En 1825 l'astronome David en fit l'aiguille d'un cadran solaire indiquant midi; en effet, à 12 heures précises, son ombre tombe sur la cannelure orientée vers le Palais Kinsky.»

Guide de voyage Grieben, Prague, 1911

«Lorsqu'on construit de si grandes places uniquement par orgueil, pourquoi ne construit-on pas aussi une balustrade en pierre, qui traverserait la place. Aujourd'hui souffle le suroît. L'air sur la place est agité. Le sommet de la tour de l'Hôtel de Ville décrit de petits cercles. Pourquoi ne fait-on pas le calme dans la foule? Quel vacarme! Toutes les vitres des fenêtres font grand bruit, et les pieds des lampadaires ploient, tels des bambous. Le manteau de la Sainte-Vierge sur la colonne se gonfle, et le vent fait rage à ses côtés. N'y a-t-il donc personne qui s'en rende compte? Les messieurs et les dames qui étaient censés marcher sur les pavés paraissent flotter. Quand le vent reprend son souffle, ils restent immobiles, échangent quelques mots et s'inclinent pour se saluer; mais pour peu que le vent reprenne, ils ne peuvent lui résister, et tous en même temps lèvent leurs pieds. Certes, ils doivent tenir leur chapeau; mais leurs yeux ont une lueur d'amusement, comme s'il faisait doux. Je suis le seul à avoir peur.»

Franz Kafka: *Description d'un combat*

La colonne de la Vierge, renversée par la populace révolutionnaire de 1918 devant l'Hôtel de Ville, et au pied de laquelle brûlait constamment une lampe à huile, était, du temps de la jeunesse de Kafka, un lieu de pensées pieuses et de fêtes mariales. Pour Kafka c'était aussi un endroit où il se donnait rendez-vous avec son ami Max Brod.

«Cher Max, tu sais, j'ai trouvé du travail; ainsi une nouvelle année a commencé; et mes souffrances, qui jusqu'ici avaient progressé à pied, continuent désormais sur les mains. J'aimerais bien te rencontrer à 14h30 devant la statue de la Vierge; sois à l'heure s'il te plaît, fais ton possible. Ton dévoué Franz K.»

Franz Kafka à Max Brod (1908)

La fontaine sur le Petit Ring
(Malé Náměstí)

«En passant devant la caserne des pompiers, j'entendis du bruit venant du Petit Ring; et en m'y rendant je vis un homme saoul qui se tenait à la grille de la fontaine [...]»

Franz Kafka:
Description d'un combat

Fontaine sur le Petit Ring

«En venant du Grand Ring, à l'ouest, on arrive sur le Petit Ring, qui a davantage encore gardé son caractère médiéval. Au centre, une fontaine entourée d'une grille en fer forgé, datant de 1560.»

Guide de voyage Grieben, Prague, 1911

La tour du moulin de la Vieille Ville (Novotného lávka)

«Apparemment, il lisait l'heure à l'horloge de la tour du moulin»

Franz Kafka: *Description d'un combat*

«En passant devant le Café Bellevue, un beau bâtiment neuf de style Renaissance hollandaise, on arrive au moulin de la Vieille Ville, situé dans un cadre pittoresque. Là se dresse un château d'eau construit en 1489, et qui fut détruit sept fois par le feu, et aussi lorsqu'il fut assiégé par les Suédois. La hauteur de la tour, restaurée en 1878, atteint 53m. A côté se trouve la chancellerie municipale des eaux, de 1883, de style Renaissance, avec des sgraffites d'Aleš et Ženíšek, qui renvoient à la période suédoise.»

Guide de voyage Grieben, Prague, 1911

Le quai Novotny avec la Tour du Moulin de la Vieille Ville

La Place des Croisés et la rue Charles
(Křížovnické náměstí, Karlova ulice)

«Mais maintenant, je savais ce qui me restait à faire, car une grande force de décision s'empare de moi juste avant des événements affreux. Je devais fuir. C'était très facile. Maintenant, en tournant à gauche vers le Pont Charles, je pouvais d'un saut prendre à droite dans la rue Karlova. Elle était sinueuse; il y avait des portes cochères plongées dans l'obscurité et des tavernes à vin encore ouvertes; je ne devais pas perdre espoir. Lorsque nous surgîmes sous l'arche au bout du quai, je courus les bras en l'air dans la ruelle; mais juste en arrivant à une petite porte de l'église je trébuchai sur une marche que je n'avais pas vue. Il y eut un craquement. Il n'y avait pas de lampadaire à proximité; je restai là dans le noir. D'une taverne d'en face (anciennement la taverne U Kosků, Karlova N°6) sortit une grosse femme

La statue de l'empereur Charles IV sur la Place des Croisés (1865)

qui tenait une lampe fumante pour voir ce qui s'était passé. Le son du piano cessa et un homme ouvrit tout grand la porte entrebâillée. «Il roupille à fond sur une marche» et tout en chatouillant la femme entre les seins, il lui dit que ce qui s'était passé était de toute façon sans importance. Ils pivotèrent et la porte se referma.

En essayant de me relever, je retombai. «C'est verglacé», dis-je, et je sentis une douleur dans le genou. Cependant, j'étais content que les gens de la taverne ne pussent me voir; et c'est pourquoi rester ainsi allongé par terre jusqu'au crépuscule me sembla être la solution la plus confortable. [...]

Mon ami avait les mains dans les poches et scrutait le pont désert; puis son regard se porta sur l'église des Croisés; et pour finir, il leva la tête vers le ciel, entièrement dégagé. Comme il ne m'avait point écouté, il dit alors un peu craintivement: «Au fait, pourquoi ne parlez-vous pas, mon cher? Vous n'allez pas bien; pourquoi donc ne vous relevez-vous pas? C'est qu'il fait froid ici; vous allez attraper froid; et puis nous voulions nous rendre sur la colline de Petřín.»

«Bien sûr», dis-je, «excusez-moi»; et je me relevai tout seul, mais en ressentant une forte douleur. Je chancelai, et je dus fixer la statue de Charles IV pour retrouver l'équilibre. Mais le clair de lune fut maladroit, et il mit Charles IV en mouvement. J'en fus tout surpris, et mes jambes se raffermirent, car je craignais que Charles IV ne basculât si je

L'église St. Sauveur; à droite dans l'ombre, la rue Charles (Karlova)

manifestais moi-même quelque inquiétude. Par la suite, mes efforts me semblèrent vains, car Charles IV finit par tomber, juste au moment où je me rappelai qu' une jeune fille dans une belle robe blanche était amoureuse de moi.»

Franz Kafka:
Description d'un combat

L'église des Croisés

«En franchissant la porte au bout de la rue, on arrive à la Place des Croisés. A droite se trouve le Clementinum, avec l'église St Sauveur; juste devant, l'église des Croisés; et sur le quai, le monument de Charles IV. Celui-ci fut érigé en 1848 à la mémoire de l'empereur, en tant que fondateur de l'université, à l'occasion du 500ème anniversaire de la fondation de cette dernière. Sur un socle se dresse la statue de l'empereur, haute de 3,79m; Charles IV, en habit de couronnement, tient dans la main droite l'acte de fondation de l'université. Les facultés sont placées dans quatre niches sur le piédestal; sur la partie avant, la Théologie; à droite, le Droit; à gauche, la Médecine; derrière, la Philosophie. Dans les coins, on aperçoit quatre proches de l'empereur: Ernst de Pardubice et Johann Očko de Vlašim, premier et second archevêques de Prague; derrière eux, Beneš de Kolowrat, qui sauva la vie à l'empereur sur le pont de Pise, et Mathias d'Arras, le premier maître d'oeuvre de la Cathédrale St-Guy, au château de Prague. On doit les plans de ce beau monument à E.Händel, de Dresde; et il fut coulé par le fondeur de la cour à Nuremberg.»

Guide de voyage Grieben, Prague, 1911

Le Pont Charles
(Karlův most)

«[...] Ainsi, je connus d'un seul coup toutes les étoiles par leur nom, sans jamais les avoir appris. C'étaient des noms étranges, difficiles à retenir, mais je les connaissais tous et de façon très précise Je pointai mon index vers le ciel et prononçai le nom de chacune d'elles à haute voix. Mais je n'allai pas bien loin dans l'énumération des étoiles, car je devais continuer à nager si je ne voulais pas m'enfoncer trop sous l'eau. Mais pour que l'on ne puisse pas me dire, plus tard, qu'il est donné à chacun de nager au-dessus des pavés, je m'élevai d'un seul élan au-dessus du parapet et fis le tour, tout en nageant, de chaque statue que je rencontrais. Au bout de la cinquième, alors que je me maintenais justement au-dessus des pavés

Le Pont Charles: les tours du pont du côté de Malá Strana (vers 1920)

par quelques brasses bien calculées, mon compagnon me prit la main. Me voilà alors à nouveau debout sur les pavés, et je me sens une douleur dans le genou. J'avais oublié le nom des étoiles [...]. Mon compagnon se rapprochait sans cesse de moi avec ses discours; et au moment où je commençais à comprendre ses paroles, une lueur blanche courut élégamment le long du parapet, traversa d'un trait la tour du pont et fila dans la ruelle sombre.

La statue de Sainte Ludmila sur le Pont Charles

«J'ai toujours aimé», dit mon compagnon en montrant la statue de Ste Ludmila, «les mains de cet ange, à gauche. Leur délicatesse est sans limite et les doigts, en s'ouvrant, tremblent. Mais à partir de ce soir, ces mains me laissent indifférent, je puis le dire, car j'ai embrassé des mains. Là-dessus, il me prit dans ses bras, embrassa mes vêtements et heurta mon corps de sa tête.»

Franz Kafka: *Description d'un combat*

«C'est ici que commence le célèbre Pont Charles, qui est le pont le plus ancien et le plus remarquable de Prague. A cet endroit, la rivière a 332m de large. Le Pont Charles, qui compte 16 arches et a une longueur totale de 505m, relie la Vieille Ville au Petit Côté. Le pont n'est pas rectiligne; il est coudé à ses deux extrémités. Judith, l'épouse de Vladislav Ier, avait fait construire ici un pont de pierre en 1153-1167 pour remplacer le pont de bois détruit par les crues de 1118; il fut à son tour emporté par un bloc de glace en 1342. Il ne reste que le mur du quai contre le Couvent des Croisés, garni d'une tête sculptée («le Barbu»), qui servait à mesurer le niveau d'eau. En 1357 l'empereur Charles IV posa la première pierre du nouveau pont; le maître d'oeuvre était Peter Parler, de Gmünd. Le pont ne fut terminé qu'en 1503. De nombreuses légendes populaires font allusion à la solidité de ce pont de pierre, qui a résisté avec fermeté aux assauts guerriers et à de nombreuses crues.

Naturellement, l'effroi s'empara des gens lorsque, le 4 septembre 1890, deux arches du pont – la sixième et la septième – s'écroulèrent dans les flots enflés de la Vltava, ce qui d'ailleurs coûta la vie à deux personnes. Après deux ans d'efforts le pont retrouva une utilisation normale.»

Guide de voyage Grieben, Prague, 1911

«[...] Chacun porte en lui un diable destructeur qui dévore ses nuits; ce n'est ni bien ni mal, mais c'est la vie. Si on ne l'avait pas, on ne vivrait pas. Ce que vous maudissez en vous, c'est par conséquent votre vie. Ce diable, c'est le matériau (et au fond il est merveilleux) que vous avez reçu en partage et que vous devez désormais façonner. Si vous avez travaillé à la campagne, cela n'était pas une échappatoire; mais vous avez mené votre diable comme on mène vers un pâturage verdoyant une vache qui, jusque là, n'a pu paître que dans les rues de

Bas-relief (mentionné par Kafka) sur une statue du pont Charles

Le Pont Charles vu depuis la rive de la Vieille Ville

> Teplice. Sur le Pont Charles, à Prague, il est, sous la statue d'un saint, un bas-relief qui illustre votre histoire. Le saint laboure un champ à l'aide d'une charrue attelée d'un diable. Celui-ci, certes, écume encore de rage (c'est une phase de transition; tant que le diable n'est pas lui aussi content, ce n'est pas une victoire intégrale); il montre les dents, lance de biais des regards furieux vers son maître et rétracte sa queue convulsivement; mais il est malgré tout sous le joug. En ce qui vous concerne, Minze, vous n'êtes pas un saint, et d'ailleurs on ne vous demande pas d'en être un; ce n'est nullement nécessaire et ce serait dommage et triste si tous vos diables devaient tirer la charrue; mais, pour bon nombre d'entre eux, cela leur ferait le plus grand bien et ce serait une action louable et bénéfique que vous auriez ainsi réalisée. Je ne dis pas cela par pure impression. Vous même y aspirez de tout votre être.»
>
> Franz Kafka à Minze Eisner (1920)

Kafka, dans cette citation, se réfère à un bas-relief visible sur le socle d'un groupe de statues du Pont Charles – «Saint Vincent Ferrerius et Saint Procope» (que l'on doit à Johann Brokoff). En partant de Malá Strana, c'est la sixième statue à droite. Saint Procope, ermite et fondateur du vénérable monastère de Sázava, est un saint très populaire en Bohême. On raconte que l'ermite réussit à dompter le diable, qui voulait l'induire en tentation, et à en faire son serviteur. Aujourd'hui encore, le nom d'une petite vallée près de Prague nous rappelle ce saint; il aurait habité là dans une grotte.

> «Avec Ottla. Suis allé la chercher à son cours d'anglais. En passant par le quai, le pont de pierre [le Pont Charles], un bout de Malá Strana; le nouveau pont et enfin chez soi. Statues excitantes des saints sur le Pont Charles. L'étrange lumière du soir en été, lorsque le pont devient désert.»
>
> *Journal intime,* du 19. 6. 1916

«Des gens qui foulent des ponts obscurs
en passant devant des saints
avec une lanterne dépolie

Des nuages qui défilent dans un ciel gris
devant des églises
dont les tours baignent dans le crépuscule

Quelqu'un est appuyé contre le parapet
et contemple l'eau du soir,
les mains posées sur les vieilles pierres.»

Franz Kafka à Oskar Pollak (1903)

La tour d'observation sur la colline de Petřín (vers 1895)

Sur la colline de Petřín

> «Qu'en est-il?», demanda mon compagnon, qui était parti avec moi en quête de solitude et marchait tranquillement à côté de moi sur un chemin de la colline de Petřín. Arrêtez-vous un peu, enfin, pour que je puisse y voir clair. Vous savez, j'ai une affaire à régler. C'est si éprouvant, cette nuit froide et claire et ce vent rétif, qui semble modifier jusqu'à l'aspect de ces acacias là-bas. L'ombre de la maison du jardinier, que projetait la lune, s'étendait sur le chemin légèrement incurvé, et était saupoudrée d'une neige discrète. En apercevant le banc à côté de la porte, je le désignai de la main, car je n'étais pas courageux et je m'attendais à des reproches; je mis donc ma main gauche sur ma poitrine. Il s'assit, dégoûté, sans égards pour ses beaux habits; et à mon grand étonnement il pressa ses coudes contre ses hanches et posa son front sur ses doigts recourbés [...].»
>
> Franz Kafka , *Description d'un combat*

La maison du jardinier sur la colline de Petřín

A quelques pas du restaurant Hasenburg, situé non loin de la station intermédiaire du funiculaire, se trouve un bâtiment délabré, habité autrefois par le jardinier du parc, et devant lequel Kafka situe une scène de son histoire *Description d'un combat*.

> «J'avais très froid, et déjà le ciel se teintait légèrement de blanc. Aucune infamie, ici, ne servira à rien; aucune perfidie, aucun voyage dans un pays lointain. Vous devrez commettre un meurtre sur votre personne dis-je; et puis, je souris [...]. Alors, mon compagnon sortit sans hésiter un couteau de sa poche; il l'ouvrit, pensif; se le

planta, comme pour jouer, dans son bras gauche et ne le retira pas. Aussitôt le sang se mit à couler. Ses joues rondes étaient blêmes. Je retirai le couteau, découpai la manche de son manteau d'hiver et de son frac, déchirai la manche de sa chemise. Je descendis, puis remontai, le chemin en courant sur une courte distance, pour voir s'il n'y avait personne qui pût m'aider. Les branchages laissaient passer une lumière quasi aveuglante, et restaient pratiquement immobiles. Puis je suçai un peu la plaie profonde. C'est alors que je me souvins de la maison du jardinier. Je montai les escaliers en courant, qui menaient à une pelouse surélevée, sur le côté gauche de la maison; je vérifiai en hâte les fenêtres et les portes; je sonnai rageusement en trépignant sur place, bien que j'eusse tout de suite compris que la maison

Maison de jardinier laissée à l'abandon sur la colline de Petřín

était inhabitée. Ensuite, je m'occupai de la plaie, d'où suintaient de minces filets de sang. Je mouillai son mouchoir dans la neige et bandai son bras maladroitement.»

Franz Kafka, *Description d'un combat*

Kafka, qui avait besoin de repos à la suite de ses études épuisantes, passa le mois d'août de l'année 1905 dans un sanatorium à Zuckmantel, en Silésie. Une liaison avec une dame d'un certain âge («une femme, ignorant que je suis») apporta à Kafka un changement bienvenu. Ce fut sa première relation amoureuse sérieuse. Il écrit à son ami Max Brod:

«Cher B.
Je t'aurais certainement écrit, si j'étais resté à Prague. Mais pour l'instant, je suis frivole; c'est déjà ma quatrième semaine dans un sanatorium en Silésie; je vois beaucoup de monde, beaucoup de femmes, et je suis devenu relativement vivant.
Franz K.»

Franz Kafka à Max Brod 1905

Avant de rentrer à Prague pour se consacrer à la préparation de l'examen qui l'attendait, Kafka passa encore quelques semaines chez des parents dans la petite localité de Strakonice, en Bohême du sud. Les semaines qui suivirent ne lui laissèrent que peu de temps pour ses loisirs. La préparation à l'examen fut pour lui le «centre du triste monde». Le 7 novembre 1905, il passa le deuxième examen oral (en droit civil, droit commercial et droit financier) en vue du doctorat.

«En réalité, la disparition de Kafka marqua la fin de la Prague intellectuelle issue de cette synthèse tchéco-germano-austro-juive, qui avait porté la ville et l'avait inspirée au cours des siècles.»

Johannes Urzidil, *Ainsi va Kafka*

1906
L'ANNÉE DE DOCTORAT

Après que l'étudiant eut également réussi de justesse le troisième oral le 13.3.1906 (droit général et droit public autrichien, droit international et économie politique) et qu'il eut réussi l'oral I (droit romain, droit canonique et droit allemand) à l'unanimité du jury, la fin des études était en vue.

C'est en grande pompe que Franz Kafka reçut le grade de docteur en droit (mention «satisfaisant») le 18 juin 1906 dans la salle des cérémonies de la prestigieuse Université Charles-Ferdinand, à Prague. Kafka travaillait déjà pendant la période des examens depuis

Le palais de Justice, Place du marché aux fruits

le 1er avril 1906 comme stagiaire dans le cabinet de Me Richard Löwy, avocat au N°16 de la place de la Vieille Ville. Après de nouvelles vacances passées à Zuckmantel, chez son oncle Siegfried Löwy, à Triesch, Kafka commença, à partir du mois d'octobre, son année de pratique au tribunal, obligatoire pour intégrer la fonction publique; tout d'abord au tribunal de grande instance, au N°14 de la place du marché aux fruits (Ovocný trh), puis au tribunal correctionnel, sur la place Charles (à côté de l'Hôtel de ville de la Nouvelle Ville). C'est de cette époque que date l'ébauche du roman *Préparatifs de noces à la campagne.*

Le magasin du père, Hermann Kafka, avait été transféré dès mai 1906, par manque de place, au N°12 de la rue Celetná, où il resta jusqu'en 1907.

Balcon de la maison de commerce de Hermann Kafka au N°12 de la rue Celetná

Le tribunal de grande instance (affaires pénales) sur la Place Charles

1907
EMPLOI À L'ASSICURAZIONI GENERALI

Kafka passa l'été 1907 à nouveau chez son oncle à Triesch. C'est là qu'il fit la connaissance d'Edwige Weiler, une juive de Moravie, dont il tomba bientôt amoureux. Cependant, Kafka ne tarda pas à négliger la jeune fille – qui étudiait la philosophie à Vienne – étant donné qu'il consacrait de plus en plus son énergie à ses ambitions littéraires. Il n'empêche qu'il rêvait d'étudier à l'Ecole supérieure de commerce de Vienne pour pouvoir être auprès d'Edwige.

En octobre 1907, Kafka occupa son premier emploi, au sens strict du terme, à la compagnie d'assurance Assicurazioni Generali. Le bâtiment, qui donne sur la place St Venceslas au N°19, fut construit vers 1900 dans le style néobaroque pragois; on peut encore le visiter aujourd'hui.

La Place St. Venceslas (vers 1895)

Franz Kafka à 27 ans

«Maintenant au bureau; je suis à l'Assicurazioni Generali, et j'ai toujours l'espoir d'être moi-même, un jour, assis dans les fauteuils de pays très lointains, de voir des champs de canne à sucre ou des cimetières musulmans depuis les fenêtres de mon bureau; tout ce qui touche au domaine de l'assurance m'intéresse beaucoup, mais mon travail en ce moment est triste. Et pourtant, c'est parfois beau de poser la plume là-bas et de s'imaginer que l'on superpose tes mains, qu'on les enserre, et de savoir qu'on ne les lâcherait pour rien au monde, quand bien même on dévisserait la main du poignet de celui qui les enserre.»

Franz Kafka à Edwige Weiler

Siège de l'Assicurazioni Generali, Place St.Venceslas

Quelques mois seulement après ses débuts, Kafka était en quête d'une situation qui lui convînt mieux. Il trouvait l'horaire de travail à la Generali trop long; et la représentation qu'il se faisait des pays lointains et de la vue sur les «cimetières musulmans» ou autres, se révéla être une vision romantique qui, dans le meilleur des cas, ne pourrait devenir réalité qu'après de longues années. Franz Kafka travaillait comme intérimaire tous les jours à partir de huit heures et demie; il n'avait que sept jours de vacances par an et un revenu mensuel de quatre vingts couronnes. Ces conditions de travail étaient trop dures pour un jeune homme qui pesait 62 kg pour une taille de 182 cm (rapport de la visite médicale d'embauche).

A cette époque, le magasin paternel s'installa dans le Palais Kinsky, sur la Place de la Vieille Ville. Ce déménagement était la preuve visible de la prospérité de l'entreprise Kafka. Aussi n'est-il point étonnant que Kafka ait été recommandé à la Generali en ces termes: «Il vient d'une famille fort estimée».

Déjà au mois de juin de la même année, la famille avait quitté la maison médiévale «Zu den drei Königen» («Aux rois mages»), pour s'installer dans l'élégante Niklasstrasse (Pařížská). Le nouveau logement «Zum Schiff» (Au bateau) (Niklasstrasse 36) était l'un des nouveaux palais mis en location, que l'on venait juste de construire aux dépens de l'ancien ghetto de Prague. On ne peut plus visiter la maison «Zum Schiff», car elle a été détruite en 1945.

C'est dans cette maison que Franz Kafka devait, dans la nuit – devenue légendaire – du 22 au 23 septembre 1912, rédiger la remarquable nouvelle intitulée *Le Verdict*. (*La Métamorphose* et *Le disparu* ont également vu le jour dans ce bâtiment).

Le Pont Čech; derrière la colonne de droite, la maison «Zum Schiff», nouvellement construite (vers 1907)

1908 – 1911

Les premières années à «La Caisse d'assurance contre les accidents du travail pour le royaume de Bohême à Prague»

(Dělnická úrazová pojišťovna pro království české)
Na Poříčí 7, Prague 1

Le 30 juillet 1908 – c'est-à-dire l'année où, pour la première fois, de courts écrits en prose de Kafka furent publiés dans le magazine *Hyperion* – Kafka commença son travail comme auxiliaire à la Caisse ouvrière d'assurances accidents, de loin la plus importante des institutions de ce type dans tout l'empire des Habsbourg. Kafka devait y rester jusqu'à son départ anticipé à la retraite en 1920. Cette institution d'assurances pour les ouvriers avait été introduite en 1889 dans l'ancienne Autriche.

Siège de l'ancienne «Caisse d'assurance contre les accidents du travail»

Le père de l'ami d'école de Kafka, Ewald Felix Přibram (Dr. Otto Přibram) était le président de l'institution depuis 1895. C'est grâce à cet appui que Kafka avait pu obtenir un poste – ô combien difficile à décrocher – dans cette organisation semi-étatique.

Le bâtiment abritant l'institution, terminé en 1896, a aujourd'hui un autre usage; cependant, avec un peu d'imagination, on peut encore aisément se représenter l'environnement de travail de Kafka. Au début, il avait son bureau au dernier étage; par la suite, il s'installa au premier étage, où se trouvait également le bureau du président de l'institution, le Dr. Otto Příbram.

Le travail dans cet institut était beaucoup plus conforme à ce que souhaitait Kafka que ne l'avait été son activité à la Generali. L'horaire journalier était de huit heures à quatorze heures – à peine plus long qu'un emploi à mi-temps; Franz gagnait relativement bien sa vie.

Il devint un spécialiste averti en matière d'assurances. Au début, il devait classer les entreprises dont il s'occupait selon une échelle de risques, leur rendre visite et les contrôler. Il était aussi de son ressort de représenter l'institution lors d'affaires devant le tribunal, d'établir des statistiques, de gérer les correspondances indépendantes, d'organiser la protection des travailleurs contre les accidents, etc.

> «[...] Dans les quatre districts dont je m'occupe – sans parler de mes autres tâches – les gens, comme s'ils avaient bu, tombent des échafaudages, basculent dans les machines; toutes les poutres se renversent, tous les talus s'effritent, toutes les échelles dérapent; ce que l'on hisse en haut dégringole, et quand on descend quelque chose en bas, alors on bascule soi-même par-dessus. Et l'on finit par avoir mal à la tête avec toutes ces jeunes filles, dans la manufacture de porcelaine, qui s'étalent sans cesse dans l'escalier avec leurs piles d'assiettes [...].»
>
> Franz Kafka à Max Brod (1909)

Il est intéressant de souligner que Kafka, lors de la fondation de la Tchécoslovaquie, n'a pas perdu son emploi. Alors que ses supérieurs hiérarchiques germanophones Eugen Pfohl et Robert Marschner furent licenciés et remplacés par des Tchèques, Kafka conserva son poste – d'une part grâce à une protection relativement solide, et d'autre part en raison du fait qu'il avait toujours gardé ses distances vis-à-vis d'une attitude patriotique pro-allemande. Au cours de ses douze années de carrière dans cette compagnie d'assurances, Kafka passa du poste de simple employé de bureau à celui de secrétaire en chef (1910 rédacteur, 1913 secrétaire adjoint, 1920 secrétaire). Kafka était très apprécié de ses collègues et de ses supérieurs, et il fut mentionné à plusieurs reprises en termes élogieux.

Place de la Vieille Ville: l'Hôtel de Ville richement décoré à l'occasion de la venue de l'Archiduc Rodolf (1881)

Le bâtiment de l'ancienne Ecole de commerce allemande
Masná 8, Prague 1

Entre les mois de février et de mai 1908, Kafka fréquenta cette école, où l'écrivain Gustav Meyrink passa son examen de fin d'études et où Rudolf Fuchs, poète et traducteur, suivit un cours.

> «L'institut, qui appartenait à la Chambre de commerce et était très apprécié dans les milieux économiques pragois, n'était pas fréquenté uniquement par des Allemands; il y avait aussi de très nombreux Tchèques. L'Ecole de commerce fut fondée en 1856. C'était la première Ecole supérieure de commerce sur le territoire de la monarchie impériale et royale. Franz Kafka, qui en 1908 y avait suivi un cours traitant des questions d'assurances pour les travailleurs, fut sans aucun doute l'élève le plus célèbre de l'institution.»
>
> Hugo Rokyta, *Les pays de Bohême: Prague*

L'ancienne Ecole supérieure de commerce allemande

Avion militaire français «Astra» (vers 1912)

Au mois de septembre de l'année 1909 Kafka, qui avait bénéficié d'un congé de huit jours à titre exceptionnel, partit pour Riva, sur le Lac de Garde, en compagnie de Max et d'Otto Brod, d'où il se rendit à un meeting aérien à Brescia. Le texte *Les aéroplanes de Brescia*, qui vit le jour au cours de cette excursion, passe pour être la première description de machines volantes modernes dans la littérature de langue allemande. Le 29. 9. de la même année, une version abrégée du texte fut publiée dans le quotidien allemand *Bohemia.*

En Aéroplane au-dessus de Kuchelbad (1911)

La Synagogue Vieille Nouvelle dans la ville juive de Prague (vers 1865)

De retour à Prague, Kafka se mit à travailler sur la deuxième version de sa *Description d'un combat.* Quelques mois plus tard, en mars 1910, le *Bohemia* publia quelques extraits de l'oeuvre.

A cette époque, Kafka entretenait des contacts avec l'association des étudiants juifs «Bar-Kochba» et il fit ainsi ses premières expériences avec le mouvement sioniste, qui, dans ces années-là, était la grande alternative à la voie de l'assimilation prônée par la génération des parents.

En 1910 des comédiens juifs venus d'Europe orientale séjournèrent à Prague. Kafka, que Max Brod avait emmené, en mai, à l'une de leurs représentations, observa avec fascination l'univers de la judaïté est-européenne, marqué d'une piété et d'un exotisme profonds. Lorsqu'à l'automne de 1911 le théâtre yiddish de Jizchak Löwy, originaire de Varsovie, donna une première représentation au café-restaurant Savoy, sur la Ziegenplatz (Kozí náměstí) – à laquelle Kafka assista avec Brod – ce fut la naissance, chez Franz, d'un intérêt intense et durable pour la culture juive d'Europe orientale – une culture dans laquelle il voyait non seulement la spiritualité fraîche et intacte d'un peuple, mais aussi les prémices de sa propre judaïté.

Kafka assista aux vingt représentations données par cette troupe de théâtre venant de Galicie. Il s'engagea en faveur de ces «Lemberger» (N.B.: habitants de Lemberg, aujourd'hui Lvov), dans la mesure où il accepta de publier des articles, par l'intermédiaire de

Max Brod entre autres, dans le *Prager Tagblatt*, et aussi dans l'hebdomadaire juif *Selbstwehr*; il se démena également pour promouvoir des tournées théâtrales dans la province de Bohême.

Pierre tombale dans le Vieux Cimetière Juif de Prague (1865)

Des pages de son journal intime postérieures à cet épisode reflètent à la fois sa propre fascination et la réticence de son père, lequel ne prisait guère ces «théâtreux.»

> «Löwy – mon père à son sujet: «Celui qui se couche avec les chiens se lève avec des puces». Je ne pus me retenir, et dis quelque chose de déplacé. Sur quoi mon père, particulièrement calme (mais après une longue pause qui en disait long): «Tu sais que je n'ai pas le droit de m'énerver et qu'on doit me ménager. Alors arrête ce genre d'histoires; j'en ai assez de m'énerver, j'en ai par-dessus la tête. Epargne-moi de tels discours». Je dis: «Je m'efforce de me retenir», et je sentis chez mon père, comme toujours dans ces moments extrêmes, l'existence d'une sagesse dont je ne puis saisir qu'un souffle.»
>
> *Journal intime,* du 2.11.1911

Au mois d'octobre de l'année 1910, Kafka se rendit à Paris en compagnie de Max et d'Otto Brod; et en décembre ils allèrent à Berlin.

La piscine municipale près du Pont Čech (Občanská plovárna)

En période estivale, Kafka fréquentait souvent, outre les Bains de l'île Žofín, la piscine de la Vltava à Malá Strana. Kafka y avait sa propre barque – un «Seelentränker» («abreuvoir des âmes»), selon l'expression de l'époque – et il allait souvent ramer sur la rivière. Cet établissement, d'un blanc éclatant, fut fondé en 1840. Il est encore en partie accessible aujourd'hui, mais naturellement on ne peut plus s'y baigner. Toutefois, à qui voudrait revivre l'atmosphère des bains de cette époque, nous conseillons de se rendre en été à «Žluté lázně», situé à Podoli, dans la partie sud de Prague, et de se baigner dans la Vltava, toujours un peu fraîche.

> «Nous avons passé d'innombrables heures splendides sur les planches des bains de Prague, dans des barques sur la Vltava, à faire des acrobaties sur les vantaux régulant l'arrivée d'eau des moulins.

L'ancienne piscine municipale près du Pont Čech

Scène quotidienne à la piscine municipale (au tournant du siècle)

J'évoque ces moments dans mon roman «Stefan Rott». J'admirais, chez Franz, l'art avec lequel il nageait et ramait, et tout particulièrement la dextérité dont il faisait preuve en manoeuvrant son «Seelentränker». Il était toujours plus adroit et plus téméraire que moi; et il avait, dans les situations critiques, cette manière bien particulière – avec ce sourire presque cruel (qui voulait dire quelque chose comme: «aide-toi»...) – de s'en remettre au destin. Comme je l'ai aimé ce sourire, qui exprimait à la fois tant de confiance et d'encouragement! La capacité de Franz à inventer de nouvelles variantes sportives me paraissait inépuisable. Là aussi, sa personnalité s'exprimait, et il le faisait (comme tout le reste) en s'investissant entièrement.»

Max Brod, *Au sujet de Franz Kafka*

Dans la vie littéraire et intellectuelle de la Prague de cette époque, les cafés, tout comme à Vienne ou à Berlin, jouaient un rôle prépondérant à la fois comme foyers culturels et lieux de rencontres. Ils avaient pour nom «Arco», «Continental», «Louvre», ou encore «Radetzky». On pouvait y lire les journaux les plus récents, se tenir au fait des derniers ragots, discuter avec des personnes qui partageaient vos opinions, ou tout simplement «voir du monde». On y rencontrait les membres de divers cercles littéraires et philosophiques ou des cercles d'amis qui se retrouvaient régulièrement. Il y avait toujours une place pour composer un poème ou écrire une critique pour l'un des journaux pragois. On pouvait s'y réfugier quand on n'avait plus d'argent pour se procurer du bois ou du charbon, et l'on pouvait y passer les froides journées d'hiver. Et bien sûr, on pouvait aussi y boire du café ou manger une «bricole».

Kafka, lui aussi, se rendait volontiers dans les cafés:

> «Cher Monsieur Baum, il est midi et je me trouve au Kontinental, le premier endroit tranquille en ce samedi. [...]»
>
> Franz Kafka à Oskar Baum (1909)

> «Impressions changeantes au milieu des jeunes gens au Café Arco.»
>
> *Journal intime*, du 25.02.1912

Plus tard, à Zürau, vers la fin de la Première Guerre mondiale, Kafka raconta à son ami aveugle Oskar Baum une histoire qui laisse entrevoir pourquoi Kafka qui, d'un côté recherchait la solitude, et de l'autre redoutait de se voir abandonné, se sentait sans doute à l'aise dans les cafés.

> «Un homme veut créer la possibilité d'une fête avec des gens qui se retrouvent ensemble sans avoir été invités. Les gens se voient, se parlent et s'observent, sans se connaître. C'est un banquet dont chacun peut profiter selon son goût, sans que cela soit gênant pour quiconque. On peut y

faire son apparition et puis s'éclipser à volonté, sans avoir d'obligations envers le maître de maison; et c'est toujours avec plaisir, sans hypocrisie aucune, que l'on vous reçoit. Et lorsqu'enfin on réussit à inscrire dans la réalité cette idée bouffonne, le lecteur réalise que c'est seulement cette tentative de remédier à la solitude qui a fait naître l'inventeur du premier café.»

Kafka à Oskar Baum (1918)

Intérieur du Café de la Maison municipale (1912)

Dans la cour des anciens Etablissements Hermann & Cie

En janvier et en février 1911, Franz Kafka entreprit un voyage d'affaires à Friedland et à Reichenberg. En été, il se rendit à Zürich, Lugano, Milan et Paris. A la fin de l'été, il fit un séjour d'une semaine au préventorium d'Erlenbach, non loin de Zürich.

Kafka côtoyait de nombreux auteurs d'une certaine importance, et pas seulement dans le cercle pragois. Il fréquentait les familles Brod, Baum, Kisch et Werfel. Franz Werfel, dont le cercle littéraire (Willy Haas, Paul Kornfeld, Franz Janowitz, Rudolf Fuchs, Otto Pick, Ernst Polack et les autres) se retrouvait au Café Arco, était – contrairement à Kafka – un auteur significatif déjà avant la Première Guerre mondiale, et sa réputation s'étendait au-delà des frontières du pays. Werfel, de sept ans le cadet de Kafka, était un jeune homme énergique et rompu aux usages du monde; il trouva auprès de Kafka, timide et réservé au début, une acceptation croissante, voire de la sympathie. Néanmoins, il est probable que la relation entre les deux écrivains n'a jamais été exempte d'un soupçon de jalousie.

Faisaient également partie des connaissances de Kafka des hommes aussi marquants que Robert Musil et Alfred Kubin. Kurt Tucholsky et le dessinateur Kurt Szafranski lui rendirent visite, ainsi qu'à Max Brod, en septembre 1911.

Cependant, Kafka demeurait un inconnu pour le monde littéraire.

Le beau-frère de Kafka (le mari de sa soeur Elli) fonda les «Etablissements Hermann & Cie», spécialisés dans la production d'amiante. En fait, derrière cette «Cie» ne se cachait personne d'autre que Franz Kafka lui-même, lequel, avec son apport et celui de son père, devint partie prenante dans cette usine. M. Kafka père n'aurait pas été mécontent de voir son fils devenir industriel; il commença à lui faire des reproches en constatant qu'il ne manifestait pour l'entreprise qu'un intérêt mitigé.

> «La torture que m'inflige cette usine. Pourquoi me suis-je laissé faire lorsqu'il a été décidé que j'y travaillerais les après-midis. Ce n'est pas que l'on m'y oblige par la force; mais mon père m'y contraint par ses reproches, et Karl par son silence et en jouant sur mon sentiment de culpabilité. Je ne connais rien à l'usine; et lors de la visite officielle ce matin, je suis resté là, inutile, comme assommé. Je refuse d'envisager la possibilité de me familiariser avec tous les rouages de l'entreprise. [...]»
>
> *Journal intime,* du 28.12.1911

Ouvriers vers 1890

L'usine, qui employait malgré tout vingt-cinq personnes, était située dans le quartier ouvrier de Žižkov, dans la rue Bořivojova au N°27. Pour Kafka, qui ne parvenait pas à manifester quelque intérêt pour l'entreprise et ne voulait pas y travailler parce qu'il n'en avait pas le temps, cette usine représentait un fardeau considérable, surtout après que son beau-frère eut été appelé à l'armée. En effet, à ce moment-là, Kafka dut à plusieurs reprises s'occuper de l'établissement, qui avait fermé après le début de la guerre. En tout cas, tant qu'il lui fallait se rendre à l'usine, il n'était pas question de songer à écrire.

> «Rien écrit. Suis allé à l'usine, où j'ai pendant 2 heures respiré les gaz dans la salle des machines. L'énergie du contremaître et du mécanicien face à ce moteur qui, pour une raison introuvable, refuse de démarrer. Usine de malheur!»
>
> *Journal intime,* du 10.8.1912

Les conditions économiques consécutives à la Première Guerre mondiale eurent finalement raison des «Etablissements Herrmann & Cie», qui furent mis en liquidation en 1917.

Le quartier ouvrier de Smíchov à Prague (1867)

1912/1913
La rencontre avec Felice Bauer

Le soir du 18.2.1912 Kafka organisa une conférence dans la salle des fêtes de l'Hôtel de Ville juif avec la participation de Jizchak Löwy, l'acteur juif d'Europe orientale, avec lequel il devait par la suite rester en contact des années durant. Aujourd'hui encore, on peut visiter la salle des fêtes. Kafka se rendit à nouveau à l'Hôtel de Ville juif le 11 décembre 1913, dans le cadre d'une oeuvre de bienfaisance; il lut cette fois-ci des extraits de l'oeuvre de Kleist, *Michael Kohlhaas*.

L'Hôtel de Ville juif (Rue Maisl)
Maislova ulice 18, Prague 1

A proximité immédiate de la Synagogue Vieille Nouvelle se trouve l'Hôtel de Ville juif, construit par l'architecte Pankraz vers 1580. Le bailleur de fonds fut le riche Mordechaï Maisl.

Les horloges de l'Hôtel de ville juif

L'Hôtel de Ville abrite le siège du conseil de la communauté culturelle juive, une salle à manger rituelle, ainsi que les locaux administratifs de la communauté juive. Le

Musée juif y est installé, avec ses collections remarquables d'étoffes à usage cultuel (des rideaux provenant de synagogues de l'Europe entière, des «Mappot» (fourreaux) de la Torah etc.)

№ 269, 18. November 1912. Künftig erscheinende Bücher. Börsenblatt f. d. Dtschn. Buchhandel. 14607

ERNST ROWOHLT VERLAG · LEIPZIG

Zur Versendung liegt bereit:

FRANZ KAFKA

BETRACHTUNG

Einmalige Auflage von 800 in der Presse numerierten Exemplaren. — Sorgfältiger Druck auf reinem Hadernpapier durch die Offizin Poeschel & Trepte in Leipzig In Japan-Broschur M 4.50 — In Halblederband M 6.50

Franz Kafka ist denen, die die Entwicklung unserer besten jungen Dichter verfolgen, längst bekannt durch Novellen und Skizzen, die im »Hyperion« und anderen Zeitschriften erschienen. Seine Eigenart, die ihn dichterische Arbeiten immer und immer wieder durchzufeilen zwingt, hielt ihn bisher von der Herausgabe von Büchern ab. Wir freuen uns das Erscheinen des ersten Werkes dieses feinen, kultivierten Geistes in unserem Verlage anzeigen zu können. Die Art der formal feingeschliffenen, inhaltlich tief empfundenen und durchdachten Betrachtungen, die dieser Band vereinigt, stellt Kafka vielleicht neben Robert Walser, von dem ihn doch wiederum in der dichterischen Umgestaltung seelischer Erlebnisse tiefe Wesensunterschiede trennen. Ein Autor und ein Buch, dem allseitig größtes Interesse entgegengebracht wird.

Bis 1. Dezember bar bestellt: 40%, Partie 7/6

Wir können der limitierten, einmaligen Auflage wegen à c. nur bei gleichzeitiger Barbestellung und auch dann nur ganz beschränkt liefern.

Publicité pour le premier livre de Kafka dans les pages boursières du Journal financier allemand (Novembre 1912)

Après le siège de Prague par les Suédois en 1648, on accorda aux Juifs la construction d'un beffroi en remerciement de leur participation militaire.

En 1763 l'Hôtel de Ville fut transformé et il fut pourvu d'une façade rococo et d'une tour en bois. Celle-ci est ornée de deux horloges, dont l'une a un cadran en chiffres romains, et l'autre un cadran hébreu. Au début de l'année 1912, Kafka ébaucha les premiers chapitres de *Le disparu* (Max Brod devait faire publier l'oeuvre plus tard sous le titre *Amérique*). Kafka séjourna tout le mois de juillet à Weimar avec Max Brod, et il passa ensuite trois semaines au sanatorium de Jungborn, dans le Harz. Le mois suivant, Kafka rassembla les textes pour son premier livre, *Betrachtung* [*Contemplation*], qui fut finalement publié en décembre de la même année aux éditions Rowolt, alors en plein essor.

Vers la fin de l'année parut le récit intitulé *La Métamorphose*. Lors d'une première lecture publique, le 4 décembre à Prague – organisée par l'association Johann Gottfried Herder sous la direction de Willy Haas – Kafka lut *Le Verdict* dans la salle des glaces de l'hôtel Archiduc Stéphane (aujourd'hui hôtel Europa). Le 23. 9. 1912, Kafka fait le récit de la naissance de cette histoire dans son journal intime:

> «Cette histoire, *Le Verdict*, je l'ai écrite d'un trait, dans la nuit du 22 au 23, de dix heures du soir à six heures du matin. Je pus à peine me lever de mon bureau, tellement j'avais les jambes engourdies à force de rester assis. Cet effort et cette joie épouvantables, à mesure que cette histoire se déroulait devant moi, comme si j'eusse essayé de progresser dans une nappe d'eau! A plusieurs reprises, au cours de cette nuit-là, je ployai sous mon propre poids. Comme on peut tout oser, comme pour tout le monde un brasier est préparé pour les idées les plus étranges – un grand feu dans lequel elles disparaissent et ressuscitent. Comme ça s'est mis à virer au bleu devant la

Franz Kafka avec sa première fiancée Felice Bauer

fenêtre. Une voiture est passée. Deux hommes ont franchi le pont à pied. A deux heures j'ai consulté ma montre pour la dernière fois. Quand la servante traversa pour la première fois l'antichambre, je couchai la dernière phrase sur le papier. Extinction de la lampe et clarté du jour. Les légères douleurs au coeur. La fatigue qui s'estompe au milieu de la nuit. L'entrée tremblante dans la chambre de mes soeurs. Lecture à haute voix. Auparavant, s'étirer devant la servante et lui dire: «J'ai passé la nuit à écrire». La vue du lit qui n'a pas été défait, comme s'il venait d'être livré. La conviction confirmée qu'à travers l'acte d'écrire mes romans je touche honteusement aux bas-fonds de l'écriture. Ce n'est qu'ainsi que l'on peut écrire, dans une relation pareille, avec cette ouverture complète du corps et de l'âme. Matinée au lit. Les yeux qui voient toujours clair. De nombreux sentiments qui se manifestent en écrivant: par exemple, la joie d'avoir quelque chose de beau pour l'Arcadie de Max; des pensées pour Freud, naturellement; à tel moment, des pensées pour Arnold Beer; à tel autre, pour Wassermann; à un autre moment encore, pour la géante de Werfel; et naturellement aussi pour mon «Städtische Welt» [«Le monde des villes»].

Journal intime, du 23.9.1912

L'année 1912 eut pour Kafka une importance particulière, non seulement parce que pour la première fois sa créativité jaillissait comme une éruption volcanique, mais aussi parce qu'il fit, chez Max Brod, la connaissance de Felice Bauer, une Berlinoise de 24 ans qui était employée de commerce.

L'APPARTEMENT DES PARENTS DE MAX BROD, DANS LA SCHALENGASSE
Skořepka 1, Prague 1

Max Brod, qui à l'époque travaillait comme employé des postes, habita jusqu'en 1913 (année de son mariage) dans la Schalengasse. Franz Kafka y venait souvent en visite, et lisait des textes à son ami. Un jour de 1912, en plein été, Kafka se rendit chez Max afin qu'ils missent ensemble la dernière main aux textes qui allaient être réunis sous le titre *Contemplation.* Ce jour-là, la jeune Berlinoise Felice Bauer était présente.

> «Mlle Felice Bauer. Lorsque le 13.8., je me rendis chez Brod, elle était assise à la table , et je l'avais pourtant prise pour une domestique. Je n'étais pas du tout curieux de savoir qui elle était, et je l'acceptai tout de suite telle quelle. Visage osseux, vide, qui affichait ouvertement sa vacuité. Gorge dégagée. Blouse sur les épaules. Avait l'air d'être en tenue d'intérieur, bien que ce ne fût point du tout le cas, comme cela s'avéra par la suite [...]. Nez quasi cassé. Chevelure blonde, quelque peu raide et sans éclat, menton fortement dessiné. En m'asseyant, je la regardai pour la première fois plus en détail; et lorsque je fus assis, j'avais déjà arrêté un verdict inébranlable. [...]»
>
> *Journal intime,* du 20.8.1912

L'appartement des parents de Max Brod, rue Skořepka

Bientôt, une relation se développa, qui impliqua des hauts et, bien plus encore, des bas. Franz Kafka se trouvait dans une situation délicate: d'un côté, il voyait le mariage et la fondation d'une famille comme la base d'une vie bourgeoise à laquelle on pouvait légitimement aspirer; et d'un autre côté, la solitude représentait une condition préalable indispensable à la création littéraire, à laquelle il ne pouvait renoncer. Kafka tenta de concilier ces deux aspects contradictoires: il s'engagea donc dans une sorte de «vie commune» sous une forme épistolaire. Il n'y eut pratiquement pas de jour sans qu'il envoyât au moins une lettre à Felice. Quant au mariage, il ne fut jamais conclu, malgré des fiançailles célébrées à deux reprises.

La maison Oppelt sur la Place de la Vieille Ville

Staroměstské náměstí 6 (aujourd'hui 5), Prague 1

A partir de novembre 1913, la famille Kafka habita un six pièces dans la maison Oppelt, comme on l'appelait, à l'angle de l'Avenue de Paris (Pařížská třída). La chambre de Kafka donnait sur l'Avenue de Paris.

> «[...] Tout droit en face de ma chambre, au quatrième ou au cinquième étage, j'ai la grande coupole de l'église russe (St. Nicolas) avec deux tours; et entre les deux tours et l'immeuble adjacent, la vue sur une petite portion triangulaire de la colline de Petřín, avec une toute petite église. A gauche je vois l'Hôtel de Ville avec son beffroi, dans toute sa dimension massive, qui se dresse bien découpé et s'incline en une perspective que personne, sans doute, n'a encore aperçue correctement.»
>
> Franz Kafka à Grete Bloch, 1913

La maison Oppelt fut assez fortement endommagée au cours du soulèvement pragois de 1945. Le bâtiment, reconstruit avec un étage en moins, abrite à l'heure actuelle des locaux administratifs.

1914 – 1918
Les années de guerre

En mai 1914, Kafka célébra ses fiançailles avec Felice Bauer à Berlin. Après le début de la guerre, Franz Kafka, déclaré apte au service, mais dispensé de ses obligations militaires car indispensable à la compagnie d'assurance, dut s'occuper de l'usine de son beau-frère, mobilisé comme soldat.

> «Défilé patriotique. Discours du maire; puis disparition, puis réapparition, et la devise allemande: «Vive notre Monarque bien aimé!» J'y assiste, le regard furieux. Ces défilés sont l'un des effets secondaires les plus dégoûtants de la guerre. Venant de marchands juifs, qui sont tantôt allemands, tantôt tchèques, ce qu'ils admettent certes, mais à qui il n'est pas permis, d'ordinaire, de le crier aussi fort que maintenant. Naturellement, ils gagnent des gens à leur cause. C'était bien organisé. Cela doit recommencer chaque soir; demain dimanche, deux fois.»
>
> *Journal intime,* du 6. 8. 1914

Train blindé pendant la Première Guerre mondiale

Sur le front (Première Guerre mondiale)

Le début et le déroulement de la guerre devaient affecter la vie de Kafka à plusieurs égards. En tout cas, le fait qu'il eut, de temps à autre, déclaré vouloir être soldat doit être relativisé; il faut y voir, en effet, l'expression d'une aspiration à changer de vie. Pour des raisons professionnelles, puis plus tard, également pour des raisons de santé, il n'eut pas à porter l'uniforme impérial.

> «Je n'ai pas de temps. C'est la mobilisation générale. K.et P. ont reçu leur feuille de route. Maintenant je perçois le salaire de la solitude. En fait, ce n'est pas vraiment un salaire; la solitude n'apporte que des punitions. Quoi qu'il en soit, toute la misère me touche peu, et je suis plus déterminé que jamais. L'après-midi je devrai être à l'usine; je ne logerai pas à la maison, car E. a déménagé chez nous avec les deux enfants. Malgré tout, j'écrirai; il le faut absolument; c'est mon combat pour l'autoconservation.»
>
> *Journal intime,* du 31. 7. 1914

> «L'Allemagne a déclaré la guerre à la Russie. L'après-midi, piscine.»
>
> *Journal intime,* du 2. 8. 1914

Tranchées, 1916

Franz Kafka à 31 ans

L'APPARTEMENT DE LA RUE BÍLKOVA
Bílkova 10, Prague 1

Kafka avait 31 ans lorsqu'il s'installa provisoirement, au cours de l'été 1914, dans l'appartement de sa soeur Valli, partie en vacances. Lorsque Valli fut de retour, Kafka déménagea dans la rue Neruda (aujourd'hui Polská), dans l'appartement de sa soeur Elli, laissé vacant depuis qu'elle avait déménagé avec ses deux jeunes enfants dans l'appartement familial de la maison Oppelt. C'est d'ailleurs en grande partie pour cette raison que Kafka avait quitté cette maison. Du 10.2.1915 jusqu'à la fin de mars, il occupa un autre appartement dans le même immeuble, comme locataire principal. Dans la rue Bílkova, Kafka commença la rédaction de son roman *Le Procès*.

Dans la nouvelle intitulée *Blumfeld ein älterer Junggeselle* [*Le vieux garçon Blumfeld*], écrite dans cette maison, Kafka, qui était alors un célibataire de 32 ans, ne se réfère pas uniquement au bruit qui régnait dans cet appartement, et contre lequel il se sentait désespérément impuissant; mais il montre également à quoi ressemblait ses soirées en solitaire.

> «Blumfeld, un vieux garçon, montait un soir à son appartement – entreprise qui n'était pas de tout repos, car il habitait au sixième étage. Tout en montant, il se disait – il se faisait d'ailleurs cette réflexion de plus en plus souvent, ces derniers temps – que cette vie entièrement solitaire était bien pesante, qu'il lui fallait maintenant grimper les six étages à l'insu de tous pour arriver en haut dans sa chambre vide; là, toujours à l'insu de tous, enfiler sa robe de chambre, allumer sa pipe, jeter un coup d'oeil sur le journal français auquel il était abonné depuis des années déjà, et tremper ses lèvres dans une eau de vie à la cerise, qu'il avait confectionnée lui-même; enfin, se coucher au bout d'une demi-heure, non sans avoir refait le

lit entièrement, car la femme de ménage, sourde à tout enseignement, flanquait à chaque fois les draps et les couvertures selon son humeur.»

Franz Kafka, *Description d'un combat* et autres écrits publiés à titre posthume

LA MAISON «AU BROCHET D'OR» (U ZLATÉ ŠTIKY)
Dlouhá 18 (aujourd'hui 16), Prague 1

Le 1er mai 1915, année de la publication du récit *La Métamorphose*, Kafka déménagea dans un appartement où il allait rester jusqu'au 28 février 1917. Voici comment il décrit cet appartement de la rue Dlouhá à son ex-fiancée Felice Bauer:

«[...] J'ai déménagé dans une chambre où il y a environ dix fois plus de bruit que dans celle d'avant, mais qui, à part ça, est incomparablement plus belle. Je croyais ne pas être tributaire de l'emplacement et de la vue. Mais ce n'est pas le cas. Sans une vue bien dégagée, sans la possibilité d'apercevoir un grand morceau de ciel, ou du moins une tour au loin – à défaut de la rase campagne – sans tout cela, je suis un homme malheureux, oppressé; je ne puis certes estimer la part de mal-être qui revient à la chambre, mais elle ne saurait être négligeable. Dans la chambre, j'ai même le soleil levant; et comme, tout alentour, les toits sont bien plus bas, il me parvient directement dans tout son éclat. Mais dans la chambre, je n'ai pas seulement le soleil du matin; en effet c'est une chambre d'angle, et j'ai deux fenêtres donnant au sud-ouest. Mais pour éviter que je ne sois de trop bonne humeur, quelqu'un au-dessus de moi, en faisant les cent pas, martèle le sol de ses lourdes bottes jusqu'au soir, dans un atelier (vide, non-loué!!), et a installé une sorte d'appareil à faire du bruit – de surcroît inutile – qui crée l'illusion d'un jeu de quilles. Une lourde boule, lancée à grande vitesse, roule sur toute la longueur du plafond de la chambre, atteint le coin, et roule en sens inverse avec fracas. [...]»

Franz Kafka à Felice Bauer (1915)

Cependant, il n'y avait ni lourdes bottes, ni appareil inutile, mais avant tout

«[...] la résonance de toute cette maudite maison en béton [...]. Au-dessus de la chambre, dans le grenier ronronne la machinerie de l'ascenseur; elle résonne dans cet espace vide (voilà ce que j'avais pris pour le fantôme de l'atelier; mais il y a aussi des domestiques qui, en étendant le linge, balaient ma boîte crânienne de leurs pantoufles). [...]»

Franz Kafka à Felice Bauer (1915)

L'appartement de Kafka dans la maison «Au brochet d'or»

La maisonnette dans la Ruelle d'Or
Zlatá ulička 22, Prague 1

Vers le milieu de l'année 1916, après que Kafka eut fait une escapade à Marienbad en compagnie de son ex-fiancée Felice Bauer, il se mit à chercher un endroit tranquille pour écrire. Avec Ottla, sa soeur préférée, il partit à la recherche d'un appartement, entre autres dans la «Ruelle d'Or», au Château de Prague:

> «[...] En été, je partis avec Ottla à la recherche d'un appartement; je ne croyais plus à la possibilité d'un silence réel, mais toujours est-il que je me mis à chercher. Nous avons regardé du côté de Malá Strana, et je me disais sans cesse: si seulement il y avait un réduit tranquille, quelque part dans le coin d'un grenier, dans l'un des anciens palais, pour pouvoir enfin s'y étendre en paix. Rien, nous n'avons rien trouvé de concret. Par amusement, nous allâmes demander dans la Ruelle d'Or. Oui, une maisonnette serait à louer en novembre. Ottla, qui elle aussi, mais à sa manière, cherchait le calme, fut séduite par l'idée de louer la maison [...]. La maison avait beaucoup d'imperfections. Aujourd' hui, elle me va tout à fait, à tous points de vue: le

La Ruelle d'Or au Château de Prague

joli chemin qui y monte, le calme qui y règne; je ne suis séparé du voisin que par une cloison très mince, mais le voisin est suffisamment discret. J'apporte le dîner et j'y suis le plus souvent jusqu'à minuit. Puis, le retour chez moi: je dois me décider à m'arrêter, le trajet me rafraîchit la tête. Et la vie là-bas: c'est formidable d'avoir sa maison, de fermer la porte sur le monde, non pas celle de la chambre, non pas celle de l'appartement, mais directement celle de la maison; pouvoir, à peine sorti de la maison, fouler la neige dans la ruelle silencieuse.Le tout, pour vingt couronnes par mois; ma soeur veille à ce que rien ne manque, avec l'aide discrète – comme il se doit – de la petite fleuriste (une élève d'Ottla); tout est en ordre et tout est beau.»

Franz Kafka à Felice Bauer (1916/17)

«Ici [...] on arrive à ce qu'on appelle la ruelle des alchimistes (Ruelle d'or), sans issue à ses deux extrémités; c'est une partie intéressante du vieux Prague. De petites maisons s'alignent contre l'ouvrage construit le long du Fossé aux Cerfs (l'ancien chemin de ronde couvert, reliant la Tour Noire à la Tour Blanche); elles hébergeaient les alchimistes au temps de Rodolphe II.»

Guide de voyage Grieben, Prague, 1911

A l'intérieur de la maison de Kafka

Descente à la cave

Dans la cave de la maisonnette N°22

Le grenier de la maisonnette N°22

La maisonnette dispose d'une cave de toute beauté, pourvue d'une fenêtre qui donne sur le Fossé aux Cerfs. On y accède de la même manière qu'on accède à l'impressionnant grenier, c'est-à-dire par un escalier raide. Dans la maisonnette N°22, une petite librairie s'est installée dans la pièce du rez-de-chaussée, précédée d'une minuscule entrée.

Toute une série de textes importants furent écrits dans ce lieu romantique à partir de la fin de l'automne 1916 – entre autres les nouvelles qui, en 1920, furent publiées sous le titre *Ein Landarzt* [*Un médecin de campagne*]. C'est généralement dans la soirée que Kafka se rendait dans la Ruelle d'Or, après s'être débarrassé de son travail de la journée. Naturellement, il ne pouvait pas passer la nuit dans un espace aussi restreint. Alors il redescendait le plus souvent au petit matin ou «vers minuit, par les anciens escaliers menant au château» et rejoignait son appartement dans la Vieille Ville en empruntant le pont Mánes – encore nouveau à l'époque – et la rue Kaprova.

> «[...] Après ton départ, il y a eu une forte bourrasque dans le Fossé aux Cerfs; peut-être était-ce par hasard, peut-être était-ce volontaire. Hier j'ai dormi (trop longtemps) au palais; et quand je suis arrivé à la maison, là haut, le feu était déjà éteint et il faisait très froid. Ah, pensai-je, le premier soir sans elle, et me voilà déjà perdu. Mais ensuite, je pris tous les journaux et les manuscrits, et l'instant d'après il y eut une belle flambée. [...]»
>
> Franz Kafka à sa soeur Ottla (1917)

LE PALAIS SCHÖNBORN DANS LA RUE DU MARCHÉ
Tržiště 15, Prague 1

A partir de Mai 1917 Kafka prit en location, en sus de sa pièce de travail de la Ruelle d'Or, un appartement dans le palais Schönborn.

«Le palais comtal de Schönborn, Tržiště 15, (belles fresques), avec un jardin qui grimpe jusqu'au bas de la colline de Petřín et offre, depuis sa gloriette située en hauteur, une vue admirable. Pour entrer, s'adresser au portier. Non loin d'ici se trouve la Place de Malá Strana (Malostranské náměstí).»

Guide de voyage Grieben, Prague, 1911

Dans la nuit du 12 au 13 août, au Palais Schönborn, Kafka se mit à cracher du sang pour la première fois. Le diagnostic allait bientôt confirmer ce qu'on pressentait: tuberculose. Kafka rapporta plus tard à son amie Milena:

«[...] Il y a trois ans environ, je me suis mis à cracher du sang au milieu de la nuit. Je me levai, excité comme on l'est à chaque nouvelle expérience (au lieu de rester au lit, comme on me le prescrivit plus tard); naturellement, j'étais quelque peu effrayé; j'allai à la fenêtre, me penchai au-dehors, allai au lavabo, tournai en rond dans la chambre, m'assis sur le lit – toujours du sang. Cependant, cela ne me

Le Palais Schönborn (aujourd'hui l'ambassade américaine)

rendait pas malheureux, car je savais qu'après 3 ou 4 années de quasi-insomnie, je dormirais pour la première fois, à condition que le saignement s'arrêtât. Effectivement, il cessa (et ne recommença plus jamais) et je dormis le reste de la nuit. Le matin, la femme de ménage arriva (à l'époque, j'avais un appartement au palais Schönborn), une brave fille dévouée jusqu'à l'abnégation, mais extrêmement pratique; en voyant le sang elle dit: «Pane doktore, s Vámi to dlouho nepotrvá» [Monsieur Franz, vous n'en avez plus pour longtemps]. Mais je me sentais mieux que d'ordinaire; je me rendis au bureau et attendis l'après-midi pour aller chez le médecin. La suite de l'histoire est ici sans importance.»

Franz Kafka à Milena Jesenská (1920)

«[...] Ce qui se passait, c'est que le cerveau ne pouvait plus endurer les soucis et les douleurs qu'on lui infligeait. Il disait: «j'abandonne; mais s'il y a ici encore quelqu'un qui a à coeur de sauvegarder tout cela, alors qu'il veuille bien me

Le Palais Schönborn, vue sur les jardins

décharger de mon fardeau, et ça ira encore un petit moment. C'est alors que les poumons se manifestèrent, [...].»

Franz Kafka à Milena Jesenská (1920)

Le docteur consulté en premier lieu diagnostiqua une bronchite; sur les conseils de Max Brod, Kafka consulta un spécialiste. Le Prof. Friedel Pick confirma finalement les révélations radiologiques: catarrhe pulmonaire (remarque de Kafka à ce propos: «c'est comme si l'on traitait quelqu'un de «cochonnet», alors qu'en fait on pense à un porc»).

«Hier, une lettre du Dr. Mühlstein est arrivée (je l'avais d'abord informé par écrit que j'avais été chez le Prof. P.; et j'avais également joint une copie du diagnostic), qui disait entre autres: vous pouvez certes espérer une amélioration (!); mais elle ne sera perceptible que de loin en loin. Ainsi, toutes mes perspectives, avec lui, sont brouillées. Après le premier examen médical, j'étais presque entièrement guéri; après le deuxième, c'était encore mieux; plus tard, une légère bronchite à gauche; plus tard encore, «pour ne rien minimiser ni exagérer», tuberculose à droite et à gauche, mais qui guérira entièrement à Prague sous peu. Maintenant enfin, je puis sûrement espérer une amélioration. C'était comme si, avec son grand dos, il avait voulu dissimuler l'ange de la mort qui se tient derrière lui, et comme si, progressivement, celui-ci se décalait sur le côté. Mais ni l'un ni l'autre (malheureusement!) ne m'effraient.»

Franz Kafka à Felix Weltsch (1917)

Tuberculose – tel était le diagnostic avec lequel Kafka pouvait espérer obtenir un départ à la retraite, pour se consacrer corps et âme à l'écriture. La demande en ce sens qu'il déposa le 6 septembre 1917 fut refusée; cependant, on lui accorda un congé de maladie de trois mois, qu'il passa à Zürau (Siřem), en Bohême du nord, chez sa soeur Ottla; il renonça en même temps à ses deux domiciles à Prague. Lors de ses séjours à Prague (de plus en plus rares), Kafka habitait désormais chez ses parents, dans la maison Oppelt.

En juillet de cette année mémorable 1917, Kafka se fiança pour la deuxième fois à Felice Bauer.

La rupture définitive des fiançailles eut lieu peu de temps après, lors des fêtes de Noël de la même année. Avec la liquidation de l'usine d'amiante, Kafka put se libérer de sa participation à l'entreprise, et se défaire ainsi un peu plus de la vie bourgeoise. Le congé de maladie ayant été prolongé jusqu'en avril 1918, Kafka put retourner chez sa soeur Ottla à Zürau.

> «Bien que, dans l'oeuvre de Kafka, Prague soit décrite tout au plus par des périphrases occasionnelles, elle est partout présente chez lui, comme le sel dans l'eau dans l'allégorie bouddhiste.»
>
> Johannes Urzidil: *Ainsi va Kafka*

Ottla, la soeur de Kafka, avec son mari

1919
Après la guerre

En Octobre 1918, Kafka tomba gravement malade en contractant la grippe espagnole. Il reprit son travail en novembre; mais d'autres cures et séjours de repos étaient inévitables. Il se rendit à la pension Stüdl, à Želesy, près de Liboc, au bord de l'Elbe, où il passa aussi les premiers mois de 1919.

C'est là qu'il fit la connaissance de Julie Wohryzek, âgée de trente ans, avec laquelle il passa beaucoup de temps au printemps et en été. Les fiançailles ne tardèrent pas; mais une fois de plus, cette relation n'aboutit pas au mariage; et elle se solda, à l'automne, par un échec, à cause des incertitudes de Kafka. Le fait que son père, devenu entre temps prospère, ne voulut pas accepter cette jeune femme issue d'un milieu modeste ne joua qu'un rôle secondaire.

En 1919 Kafka rédigea, après une interruption de deux ans, un texte qui allait marquer le zénith de sa création littéraire. La *Lettre à mon père*, que Kafka écrivit en novembre, à l'âge de 36 ans, au cours d'un autre séjour à Želesy – cette fois en compagnie de Max Brod – était une tentative pour surmonter les problèmes qui affectaient sa relation avec un père écrasant.

> «Très cher père, Tu m'as un jour demandé pourquoi je prétendais avoir peur de Toi. Je ne sus, comme d'habitude, que répondre, en partie à cause, précisément, de la crainte que j'éprouve devant Toi, et en partie parce que, pour justifier cette crainte, il me faudrait exposer plus de détails que je n'en puis fournir en de médiocres paroles. Et si j'essaie de Te répondre ici par écrit, cela sera

Le premier président tchécoslovaque Tomáš Garrigue Masaryk

> malgré tout très incomplet, car dans l'écriture aussi, ma crainte et ses conséquences me paralysent vis-à-vis de Toi, et parce que la dimension du sujet est bien supérieure à ma mémoire et à ma raison [...].»
>
> Franz Kafka *Lettre à mon père*

A l'instar de la monarchie révolue, la Tchécoslovaquie, qui faisait ses premiers pas, était un Etat plurinational, dans lequel la nation majoritaire donnait le ton. Mais naturellement, le contexte était autre. Les vagues d'antisémitisme dans les première années de la République n'étaient certes pas un phénomène nouveau; cependant, on était surpris par sa virulence, d'autant plus étonnante que le président T. G. Masaryk, très apprécié d'une large fraction de la population tchécoslovaque, rejetait clairement cette tendance. Mais même Masaryk, qui, au risque de compromettre sa carrière, avait pris courageusement, en tant qu'avocat, la défense d'un Juif accusé injustement d'avoir commis un meurtre rituel, ne put empêcher les débordements de la populace excitée qui sillonnait les rues:

> «Des après-midi entières, je suis maintenant dans la rue et je baigne dans la haine antisémite. J'ai une fois entendu qualifier les Juifs de race galeuse («Prašivé plemeno»). Cela ne va-t-il pas de soi qu'on quitte les lieux où l'on est tant haï (nul besoin d'invoquer le sionisme ou le sentiment d'appartenance à un peuple)? L'héroïsme qui consiste à rester malgré tout est celui des cafards qu'on n'arrive pas à exterminer de sa salle de bain. Je viens juste de regarder par la fenêtre; police montée, gendarmes baïonnette au fusil, foule qui se disperse en criant; et ici en haut, à la fenêtre, la honte odieuse de continuer à vivre sous protection.»
>
> Franz Kafka à Milena Jesenská (1920)

«C'est un peu comme si non seulement on devait se laver, se peigner, etc. avant chaque promenade – ce qui est déjà assez pénible – mais qu'on dût encore – étant donné qu'avant chaque promenade tout ce qui est nécessaire vient à chaque fois à vous manquer – coudre son habit, confectionner ses bottes, fabriquer son chapeau, tailler son bâton, etc. Naturellement, tout cela on ne peut pas le faire bien; ça tient peut-être le temps de parcourir quelques rues; mais sur le Fossé [Na Příkopě], par exemple, tout se défait brusquement; et l'on se retrouve nu, planté là en haillons. Cette torture, maintenant, que de retourner précipitamment sur la Place de la Vieille Ville! Et au bout du compte, on tombe nez à nez, dans la rue Železná, avec un tas de gens qui font la chasse aux Juifs.

Comprends-moi bien, Milena; je ne prétends pas que cet homme soit perdu – en aucune façon; mais il est perdu s'il va sur le Fossé; il se fait honte à lui-même et il fait honte au monde.»

Franz Kafka à Milena Jesenská (1920)

Inscription en hébreu sur le mur de la Synagogue Vieille Nouvelle

L'ANCIEN ATELIER DE MENUISERIE
Kornhäuser à Prague – Karlín
Šaldova 5 (anciennement rue Poděbrad), Prague 8

Kafka, qui, outre son travail dans la compagnie d'assurances, se consacrait à différentes occupations manuelles qui lui apportaient un équilibre et correspondaient à sa conception d'une vie au contact de la nature (par exemple, aide-jardinier dans le jardin Dvorský près du monastère Emausy, Na Slupi 19), jeta entre autres son dévolu sur une menuiserie à Karlín.

Les anciens ateliers de menuiserie, Kornhäuser, à Karlín

1920 – 1922
Les années de maladie

En 1920 Kafka commença une liaison et une correspondance avec l'intellectuelle tchèque Milena Jesenská. Celle-ci, âgée de 24 ans, s'était dès 1919, déclarée intéressée par l'idée de traduire en tchèque le récit de Kafka *Der Heizer (Le chauffeur)*. Pour Kafka c'était une expérience nouvelle; ni Felice Bauer, ni Julie Wohryzek n'avaient témoigné d'une véritable compréhension pour ses textes, ni même manifesté de l'intérêt. La relation passionnée avec cette étudiante en médecine vivant à Vienne – dont le mariage malheureux avec le Pragois Ernst Polak, écrivaillon bon vivant, était pour elle synonyme de vie pitoyable – apporta à Kafka une nouvelle confirmation de son incapacité innée à construire avec une femme une relation qui pût aboutir au mariage.

> «S'il vous plaît, écrivez l'adresse un peu plus lisiblement; dès l'instant où votre lettre est dans l'enveloppe, elle m'appartient déjà un peu; et vous devez traiter la propriété d'autrui avec plus de manières. «Tak» [voilà!] D'ailleurs, j'ai le sentiment, sans pour autant être en mesure de m'en assurer plus précisément, qu'une de mes lettres s'est égarée. Anxiété du Juif! Au lieu de redouter que les lettres arrivent à bon port!»
>
> Franz Kafka à Milena Jesenská (1920)

Le 18 décembre 1920, Kafka entama une longue cure de repos et un régime pour prendre du poids dans un sanatorium de Slovaquie, à Matliary. Là-bas, dans les montagnes des Hautes Tatras, il fit la connaissance de

Milena Jesenská et son mari Ernst Polak

Robert Klopstock. Cet étudiant en médecine, atteint de tuberculose, nouera avec Kafka des liens d'amitié qui subsisteront jusqu'à la fin. Lorsque Klopstock, plus tard, vint s'installer à Prague – ville où il ne se sentit pas à l'aise – Kafka lui recommanda d'aller à Berlin, car Prague était d'un intérêt «incertain».

Kafka, qui, dans ces années-là, n'attachait que peu d'importance à la publication de ses oeuvres, commença à travailler, en février 1922, à son roman *Le Château*, resté inachevé; en août les neufs premiers chapitres étaient terminés. Du 27 janvier au 17 février de cette année, Kafka se reposa à Špindlerův Mlýn, dans les Monts des Géants, station de sports d'hiver aujourd'hui encore appréciée des Pragois.

Kafka souhaitait depuis longtemps quitter son travail à la compagnie d'assurances – un travail purement alimentaire et qu'il n'aimait pas. Voici que ce souhait se réalisait peu à peu; ce furent tout d'abord de longs séjours de convalescence imposés par la maladie; les retours à Prague lui semblèrent de plus en plus difficiles; et finalement, le départ anticipé à la retraite lui fut accordé le 1er juillet 1922. Les diverses cures et les séjours en sanatorium n'amélioraient pas durablement l'état de santé de Franz.

Alors qu'il venait juste de partir à la retraite, il passa l'été de l'année 1922 à Planá nad Lužnicí, chez Ottla, sa soeur préférée. Ottla mit une grande pièce à la disposition de son frère allergique au bruit, se contentant elle-même d'une pièce plus petite, avec sa petite fille Věra.

> «Cette Prague qui a fini avec Kafka n'a pas été enterrée avec lui; il y a là une ironie bien kafkaïenne.»
>
> Johannes Urzidil, *Ainsi va Kafka*

1923/1924
Les dernières années à Berlin, Prague et Kierling

Les dernières années de la vie de Kafka furent marquées par sa maladie qui s'aggravait à vue d'oeil; il allait de sanatorium en cure de repos. Déjà au printemps 1923, il était le plus souvent alité; en mai il fit un séjour à Dobřichovice, et il passa l'été à Müritz, station climatique au bord de la Baltique, où il connut son dernier amour, la dévouée Dora Diamant. Dès le 24 janvier, Kafka alla habiter chez elle à Berlin. Il vécut, bien que brièvement, un semblant de relation amoureuse heureuse, et échappa ainsi, du moins provisoirement, à ses démons. A Berlin, Kafka était aussi en contact avec le médecin et écrivain Ernst Weiss. Quand ses forces le lui permettaient, il fréquentait également l'Ecole supérieure des sciences judaïques.

Kafka ressentit la misère engendrée par l'inflation de l'été 1923; son état de santé se détériora. Alarmé par les nouvelles que Dora Diamant fit parvenir aux parents de Franz, le Dr. Siegfried Löwy se rendit à Berlin et persuada Kafka, malgré sa réticence, de rentrer à Prague. En mars 1924 Kafka, accompagné de Max Brod, rentra chez lui pour trois semaines environ. La maladie avait encore progressé; la tuberculose avait gagné le larynx.

En avril, Kafka fit un voyage en Autriche pour s'y faire soigner par un spécialiste.

Après des séjours au sanatorium de Wiener Wald, en Basse-Autriche, ainsi qu'une semaine à l'Hôpital général de Vienne (service de laryngologie du Prof. Hájek), le malade, dont l'état était sérieux, fut admis au sanatorium du Dr. Hoffmann à Kierling, près de Vienne, où il fut entouré de la sollicitude de son ami Klopstock et de Dora Diamant. C'est là que l'écrivain passa les six dernières semaines de sa vie, pendant lesquelles il finit par perdre entièrement l'usage de la voix; et il dut se rendre à cette évidence terrible: sa maladie était sans espoir.

Kafka, en proie à la douleur et à la soif, et qui ne pouvait désormais communiquer qu'au moyen de messages griffonnés sur des bouts de papier, s'éteignit dans la matinée du 3 juin 1924.

L'enterrement eut lieu huit jours plus tard, le 11 juin à 4 heures de l'après-midi, par un temps estival, au Nouveau Cimetière juif de Prague (Strašnice). Accompagnaient le cercueil, outre la famille de l'écrivain, Dora Diamant, soutenue par Max Brod, et quelques connaissances du défunt.

Le Nouveau Cimetière juif, à Prague Strašnice

(Nový židovský hřbitov) Nad vodovodem 1, Prague 3

> «L'un des plus grands cimetières de Prague vit le jour en 1881. Des architectes importants, au tournant du siècle, tels qu'Antonín Balšánek, Jan Kotěra et Joseph Zasche, y ont conçu des pierres tombales. A droite de l'entrée, à environ 200 m de la maison du gardien, se trouve la tombe de Franz Kafka, avec des inscriptions en langue allemande et en langue hébraïque.»
>
> Hugo Rokyta, *Les pays de Bohême: Prague*

> «Je suivais le cortège funèbre qui accompagnait le cercueil de Kafka depuis la salle de cérémonie jusqu'à la tombe ouverte; derrière la famille et la compagne blême, soutenue par Max Brod, je marchais parmi ses amis. Tous étaient encore jeunes à l'époque; les plus âgés (Brod, Hugo Bergmann et

Oskar Baum) avaient à peine dépassé la quarantaine; Felix Weltsch, Ludwig Winder, Rudolf Fuchs et Friedrich Thieberger (mon beau-frère, le professeur d'hébreu de Kafka) avaient la trentaine; j'étais moi-même dans ma vingt-neuvième année. Sur la centaine de personnes qui chemi-

La salle des cérémonies au Nouveau Cimetière Juif

naient ensemble, à ce moment-là, sous les saules et les cyprès, seules quelques-unes vivent encore et pourraient témoigner de l'importance universelle, paradigmatique, de Kafka. Lorsque le cercueil s'enfonça, Dora Diamant lança un cri de détresse perçant; mais ses sanglots, dont seul celui auquel ils étaient destinés pouvait prendre la mesure, étaient comme voilés par l'écho de la prière des morts hébraïque annonçant la gloire de Dieu et le profond espoir de Rédemption. «L'écriture, c'est une forme de prière», voilà comment Kafka définissait l'écrivain; et encore: «Même si il n'y a pas de Rédemption à attendre, je veux malgré tout en être digne à tout moment». Telle était sa croyance. Nous jetâmes de la terre dans la tombe. Je garde un souvenir précis de cette terre; c'était une terre claire, grossière, argileuse, avec des fragments de pierres et de graviers, une terre qui tombait sur le cercueil avec un bruit sourd. Puis l'assistance se dispersa. Je repartis avec ma femme – qui avait été liée d'amitié avec Kafka, l'ayant connu comme voisin depuis son enfance – et avec le poète et traducteur Rudolf Fuchs. Nous nous faufilâmes entre les tombes sans échanger un mot. Finalement, la pluie se mit à tomber d'un ciel qui, entre-temps, s'était couvert.»

Johannes Urzidil, *Ainsi va Kafka*

«Par où commencer? – c'est sans importance. Car ce qu'il y a de particulier dans cette figure, c'est que l'on arrive au même résultat quel que soit le point de départ. Cette figure, elle est sincérité, inébranlable authenticité et pureté. Le mensonge offre de tous côtés un autre visage, et l'impur est chatoyant. Mais chez Franz Kafka – et, suis-je tenté de dire, chez lui seul dans le vaste cercle littéraire des modernes – pas de chatoiement, pas de changement de décor. Ici il y a la vérité, et elle seule.»

Max Brod

Par la suite, plusieurs journaux pragois ou allemands, et en particulier berlinois, annoncèrent la mort de Kafka ou lui rendirent hommage. Parmi eux, le *Prager Abendblatt* (hommage de Rudolf Fuchs), la *Prager Presse* (hommage d'Oskar Baum, et quelques jours plus tard, «un hommage au poète» d'Otto Pick), le *Berliner Tagblatt*, le *Berliner Börsenkurier*, la *Vossische Zeitung* ou la *Frankfurter Zeitung*. Dans le journal juif *Selbstwehr* le condisciple de Kafka, Felix Weltsch, publia un cahier à la mémoire du défunt, où l'on pouvait lire qu'il avait été «un Juif profondément lié au judaïsme et un sioniste ardent.»

> «Son enterrement. La salle des prières du Cimetière juif à Prague. Grande participation. Prières en hébreu. La peine de ses parents et de ses soeurs. Le désespoir muet de sa compagne, qui s'effondre comme morte sur la tombe. Le temps maussade, avec des éclaircies intermittentes. On ne pouvait croire – Dieu m'en est témoin – que Kafka fût enterré là, dans ce coffre, à même le bois – Kafka, ce poète qui commençait tout juste à devenir célèbre.»
>
> Rudolf Fuchs

> «Avant-hier, M.Franz Kafka, un écrivain allemand vivant à Prague, est mort au sanatorium de Kierling, près de Klosterneuburg, non loin de Vienne. Ici, peu de gens le connaissaient, car c'était un solitaire, un homme de savoir que le monde effrayait; depuis des années déjà il souffrait d'une maladie pulmonaire; et en même temps qu'il la soignait, il la nourrissait inconsciemment et l'encourageait [...]. Elle lui conféra une douceur presque incroyable et un raffinement intellectuel presque sinistre dans son refus du compromis [...]. Il écrivit les livres les plus importants de la jeune littérature allemande. La lutte de la génération d'aujourd'hui, du monde entier, y est contenue, bien qu'il n'y ait pas de mots tendancieux.

Ils sont vrais, dépouillés et douloureux, de sorte que même lorsqu'ils sont chargés de symbolisme, ils sont presque naturalistes. Il frémissent d'ironie sèche et de sensibilité – celles d'un homme qui a jeté sur le monde un regard si lucide que cela lui devient insupportable et qu'il n'a d'autre choix que de mourir [...].»

Milena Jesenská

On doit l'élégante pierre tombale, de style cubiste, qui orne la dernière demeure de Franz Kafka et de ses parents Hermann et Julie Kafka, à l'architecte pragois Leopold Ehrmann. Sur le mur du cimetière, en face de la tombe (emplacement N° 21 421), une simple plaque perpétue le souvenir de Max Brod, l'ami de toujours et le mentor de Kafka. En 1937, de nombreuses années après la mort de l'écrivain, Ernst Weiss écrivit à Max Brod:

«Je n'ai jamais cessé de détourner Kafka de Prague. Mais vous, en tant qu'ami fidèle et magnifique – un ami que je lui envie – vous l'y avez maintenu. Les pages de son Journal m'ont montré qu'il était tragiquement soudé à Prague. Vous ne pouviez donc que gagner; quant à lui, Prague ne pouvait que lui être fatale.»

Bien qu'il se fût rendu à Vienne pour mourir, Kafka, même dans la mort, ne quitta pas sa ville de Prague. La tombe de l'écrivain, dans le nouveau Cimetière juif, demeure; elle est d'ailleurs devenue depuis longtemps un lieu de pèlerinage pour les amis de la littérature. Cet endroit hautement significatif du souvenir kafkaïen est en même temps l'un des plus silencieux et des plus impressionnants.

Pierre tombale, de style cubiste, de la famille Kafka

Illustrations

L'éditeur et l'auteur remercient M. le Professeur Hartmut Binder qui a bien voulu autoriser la reproduction des photos des pp 40, 56, 85, 105, 113, 124, 133, provenant de son fonds d'archives.

Ils remercient également M. le Docteur Ivan Koreček, photographe pragois, pour les photos des pp 74 (photo du bas), 102, 129, 142

ainsi que M. le Docteur Jindřich Noll, qui leur a aimablement communiqué son plan historique de Prague.

Les autres illustrations proviennent des archives photographiques et historiques appartenant à la maison d'édition.

Plan de la ville de Prague

1 La maison natale de Franz Kafka
2 L'appartement des Kafka dans la maison «A la Minute»
3 Le palais Kinsky
4 Le salon de Berta Fanta
5 L'appartement de la maison «Sixt»
6 L'appartement de la maison «Aux Rois Mages»
7 Le Carolinum
8 Le tribunal de grande instance (affaires civiles)
9 La compagnie d'assurance Assicurazioni Generali
10 L'Hôtel Archiduc Stéphane
11 Le tribunal de grande instance (affaires pénales)
12 Le Café Louvre
13 L'ancienne «Salle de lecture et de conférences des étudiants allemands»
14 L'appartement des parents de Max Brod
15 Le Clementinum
16 L'Hôtel de Ville juif
17 L'appartement de Kafka, rue Bílek
18 L'appartement de Kafka dans la maison «Au brochet d'or»
19 L'Ecole supérieure de commerce allemande
20 L'école primaire de garçons allemande dans la Vieille Ville
21 La Caisse d'assurance contre les accidents du travail
22 Le Café Arco
23 Le Pont Charles
24 La piscine
25 Les jardins Chotek
26 La maisonnette de Kafka au N° 22 de la Ruelle d'Or
27 L'appartement de Kafka dans le palais Schönborn
28 La colline de Petřín